KB220606

당신도 영어로 기도할 수 있다

모든 인간은 하나님의 형상을 닮은 존엄한 존재입니다. 전 세계의 모든 사람들은 인종, 민족, 피부색, 문화, 언어에 관계없이 존귀합니다. 예영커뮤니케이션은 이러한 정신에 근거해 모든 인간이 존귀한 삶을 사는 데 필요한 지식과 문화를 예수 그리스도의 사랑으로 보급함으로써 우리가 속한 사회에 기여하고자 합니다.

당신도 영어로 기도할 수 있다

초판 1쇄 찍은 날 · 1998년 5월 20일 | 초판 10쇄 펴낸 날 · 2011년 04월 05일
지은이 · 김은철 | 펴낸이 · 김승태
등록번호 · 제2-1349호(1992. 3. 31) | 펴낸 곳 · 예영커뮤니케이션
주소 · (136-825) 서울시 성북구 성북1동 179-56 | 홈페이지 www.jeyoung.com
출판사업부 · T. (02)766-8931 F. (02)766-8934 e-mail: edit1@jeyoung.com
출판유통사업부 · T. (02)766-7912 F. (02)766-8934 e-mail: sales@jeyoung.com

copyright ⓒ 1998, 김은철
ISBN 978-89-8350-130-1(03230)

값 9,000원

당신도 영어로 기도할 수 있다

김은철 지음

예영커뮤니케이션

...

머리말

한국 교회의 급속한 부흥은 기도운동에 있었다고 해도 과언은 아닙니다. 매일 새벽기도, 금요철야기도, 기도원에서의 기도, 그리고 작정기도는 세계 교회사에 유래 없는 한국 교회만의 특징이 었습니다. 이러한 기도운동은 민족 수난의 시대와 동족 상잔의 시대를 극복하게 했으며 그 후에 교회의 성장에 큰 역할을 했습니다. 지금 우리에게 직면해 있는 IMF 시대도 기도운동으로 극복할 수 있습니다. 왜냐하면 한국 교회는 기도의 능력을 믿기 때문입니다.

여기 영국 교회는 수사학적인 기도는 있지만 기도의 능력을 믿지 않고 기도도 좀처럼 하지 않습니다. 그래서 영국 교회는 점점 쇠퇴하고 있는 실정입니다. 기도는 크리스천들의 의무요 특권입니다. 그런데도 가장 소홀하기 쉽고 하기 어려운 것이 또한 기도입니다. 그러나 우리는 항상 기도하도록 힘써야 합니다. 우리는 자신과 가족과 교회와 선교를 위해 기도해야 합니다.

한국말로는 기도를 유창하게 잘해도 영어로 기도하기는 참으로 어렵습니다. 이런 분들을 위해서 기도의 예문을 많이 준비했는데 이것들을 외우는 것 외에는 좋은 방법이 없다고 생각합니다. 기도 예문을 많이 알수록 더욱 자유롭게 상황에 맞는 기도를 할 수 있을 것입니다. 이 책은 단기 선교를 하는 대학생이나 신학생, 선교사 후보들에게 꼭 필요한 도구가 될 것입니다. 한국 교회의 뜨거운 기도가 세계 복음화에 일익을 담당하기 바랍니다.

1998년 3월 영국 에딘버러에서

김 은 철 목사

Contents · 차례

A Day's Prayer
하루의 기도

Morning Prayer • 아침 기도

Our Father, into Your strong hands
we commend today.
Our souls and bodies,
our homes and families,
our friends and neighbours,
grant to each of us Your all-sufficient grace,
and keep us in peace and safety.
Through Jesus Christ our Lord.

우리 아버지, 오늘도 당신의 강한 손에 맡깁니다.
저희 혼과 몸에, 저희 가정에 그리고 가족에게,
저희 친구와 이웃에게 당신의 충만한 은혜를 허락하옵시고,
저희를 평안하고 안전하게 지켜 주옵소서.
우리 주 예수 그리스도의 이름으로 기도드립니다.

Fill us, O Lord, with Your Holy Spirit, that we may go
forth this day with joy, to love and serve You in holiness,
and to do Your perfect will.

오 주님, 성령으로 저희를 채워 주소서. 그래서 오늘을 기쁨으로
지내게 해 주시고, 거룩함으로 당신을 사랑하고 섬기게 하시며 ,
당신의 완전한 뜻을 행하도록 하소서.

13

This day help us to praise You, O God, for Your goodness and loving-kindness, and all the blessings of this life. This day help us to trust You in every circumstance of life. This day help us to serve You with love and faithfulness. This day help us to glorify You in all our thoughts and actions from the beginning to the end, through Jesus Christ our Lord. Amen.

오 하나님, 오늘 저희가 당신의 선하심과 자비, 그리고 삶 속에 주시는 모든 축복을 찬양하도록 도와 주옵소서. 오늘도 어떠한 삶의 환경에서든 당신을 신뢰하도록 도와 주옵소서. 오늘도 사랑과 신실함으로 당신을 섬기도록 도와 주옵소서. 오늘도 처음부터 끝까지 저희 모든 생각과 행위를 통해 당신을 영화롭게 하도록 도와 주옵소서. 우리 주 예수 그리스도의 이름으로 기도드립니다. 아멘.

Help us, O God, to live this day hopefully,
to lean on Your strength faithfully,
to wait for Your will patiently,
to meet other people peacefully,
to face every task confidently,
in the name of Christ our Lord, Amen.

오 하나님, 저희를 도우소서.
오늘도 소망 가운데 살며,
당신의 능력을 신실하게 의지하며,
당신의 뜻을 인내로 기다리며,
다른 사람들을 평안하게 만나며,
모든 일을 확신을 갖고 대하도록 하소서.
우리 주 그리스도의 이름으로 기도드립니다. 아멘.

Evening Prayer • 저녁 기도

O Lord, as You have protected us in the day that is past, so be with us in the coming night. Keep us from every sin, every evil, and every fear, for You are our light and salvation, and the strength of our life, to You be glory forever. Amen.

오 주님, 오늘 하루 저희를 보호해 주셨던 것처럼 이 저녁에도 함께하여 주옵소서. 저희를 모든 죄와 악, 그리고 두려움으로부터 지켜 주옵소서. 주님은 저희의 빛이시며 구원이시며 저희 삶의 힘이십니다. 주님께 영광이 영원하시길 빕니다. 아멘.

At this evening hour, O Lord our God, we remember with thoughtful hearts Your care and perfection and all the blessings we have received in the day that is past. In Your mercy forgive us any wrong we have done, any evil thoughts and any unkind words. Have in Your safe keeping this right those we love. Comfort and relieve the sick, the suffering and the sorrowful. And give us all the benediction of Your peace. Through Jesus Christ our Lord.

오 주 하나님, 이 저녁 당신의 돌보심과 온전하심과 오늘 하루

받은 모든 은혜를 가슴속 깊이 기억합니다. 당신의 자비하심으로 저희가 잘못한 것, 악한 생각과 불친절했던 말들을 용서해 주옵소서. 저희가 사랑하는 자들을 지켜 주시옵소서. 병든 자들과 고통과 슬픔 가운데 있는 자들을 위로하시고 구해 주옵소서. 그리고 평화의 축복을 저희에게 내려 주옵소서. 우리 주 예수 그리스도의 이름으로 기도드립니다.

Our Father, we come to You at the ending of the day with thankful hearts, to commit ourselves and those we love to Your care and protection for the coming night. Lift from our minds every burden, every anxiety, every fear. In Your mercy give us sleep and rest to fit us for the duties of another day, through our Lord and Saviour Jesus Christ.

우리 아버지, 하루를 마치며 감사함으로 당신께 나아갑니다. 이 밤 동안도 저희 자신과 저희가 사랑하는 자들을 당신의 돌보심과 보호하심에 맡깁니다. 저희 마음에 있는 모든 짐과 걱정, 두려움에서 벗어나게 해 주옵소서. 당신의 자비하심으로 또 다른 날의 할 일을 위해 저희에게 충분한 수면과 휴식을 주옵소서. 우리 주이시며 구원자이신 예수 그리스도의 이름으로 기도드립니다.

General Prayer • 일반 기도

O God, help us to set our concern on the things above not on the passing vanities of this world. And grant that as we journey on in the way of holiness we may bear a good witness to our Lord, and serve all who need our help along the way for the glory of Your name.

오 하나님, 저희의 관심이 이 세상의 지나가는 헛된 것에 있지 않고 하늘나라에 있도록 도와 주옵소서. 그리고 저희가 거룩한 길로 감으로 주님에 관해 선한 증언을 하게 해 주시며, 주님의 영광을 위해 내내 저희의 도움이 필요한 모든 자들을 섬기도록 하옵소서.

Teach us, O Lord, to use Your gifts with wisdom and generosity. Teach us also to use our time carefully and effectively not as a miser, nor as a spendthrift, but as those who know that time is a gift to be accounted for in the end of the day.

오 주님, 지혜와 관용으로 당신의 은사를 사용하는 법을 가르쳐 주옵소서. 또한 시간을 조심스럽고 효과적으로 사용하도록 가르쳐 주셔서 구두쇠나 낭비하는 자처럼 쓰지 않게 하옵소서. 다만 시간은 마지막에 책임져야 하는 은사임을 아는 자가 되 해 주옵

17

소서.

Father of all mercies, we bless You for our creation. The life we posses is Your gift: We hold it in trust from You. Teach us to value it and to use it to the full. For we have but one life to live on earth, one life in which to glorify You, to serve Your church, to advance Your kingdom, to help other people. Lord, show us what to do with our life, and let us not live to be useless.

자비로우신 아버지, 저희를 창조하신 당신께 감사드립니다. 저희 삶은 당신의 선물입니다. 저희가 믿음으로 당신께 받았습니다. 저희가 그 삶을 귀하게 여기고 충분히 사용하도록 가르쳐 주옵소서. 이 땅에서 저희의 삶은 단 한 번뿐입니다. 그 삶은 당신을 영화롭게 하고, 당신의 교회를 섬기고, 당신의 왕국을 앞당기며, 다른 사람들을 돕기 위한 것입니다. 주님, 저희에게 저희 삶을 어떻게 살아야 하는지 보여 주시고 쓸데없이 살지 않도록 하여 주옵소서.

Inspire and direct us, O God, to seek and to do Your will in all the common affairs of life: in our homes, that purity and love may be guarded; in our relations with others, that peace and harmony may prevail; in our work, that truth and justice may be honoured; and in our hearts, that Christ alone may reign there; for the glory of Your name.

오 하나님, 저희가 모든 일상 생활에서 당신의 뜻을 찾고 행하도록 저희에게 영감을 주시고 이끌어 주옵소서. 가정을 순결함과 사랑으로 인도하며, 다른 사람과의 관계에서는 평화와 조화를 이루고, 직장에서는 진리와 정의가 존경받도록 하며, 그리스도만이 저희 마음을 주관하도록 하여 주옵소서. 주님께 영광을 돌려 드립니다.

O God, we thank You for the gift of life and for the faculties which enable us to enjoy it. You have given us our eyes to see the beauty of Your world, our ears to hear speech and sound of music, our lips with which to speak in friendship to others, and our hands with which to minister to their needs. Help us, through the grace of Your Holy Spirit, to use all that we have in Your service and for Your greater glory; through Jesus Christ our Lord.

오 하나님, 삶을 선물로 주시고 그 삶을 즐길 수 있도록 능력을 주시니 감사합니다. 주님은 저희에게 주님 나라의 아름다움을 볼 수 있는 눈과 말과 음악을 들을 수 있는 귀와 다른 이에게 다정스레 말할 수 있는 입, 그리고 필요한 자들을 섬길 수 있는 손을 주셨습니다. 성령의 은혜로 당신의 더 큰 영광을 위해 저희가 가지고 있는 모든 것을 사용하도록 도와 주옵소서. 우리 주 예수 그리스도의 이름으로 기도합니다.

God of all grace, we thank You for the many skills of body and mind that You have given us. We are gratefully after them in the service of Your purpose for all mankind, for the welfare and prosperity of our fellow men, and for the honour and glory of Your name.

19

은혜가 풍성하신 하나님, 저희에게 몸과 마음의 온갖 기능을 주시니 감사합니다. 모든 인간을 위해, 저희 동료들의 행복과 번영을 위해, 그리고 당신의 명예와 영광을 위해 당신의 뜻 안에서 그 기능들을 사용하게 하심을 감사드립니다.

Help us, O Lord, by Your grace, to fulfil the purpose for which in Your wisdom You created us and in Your love You redeemed us that all our days here upon earth may be of service to others and accomplish something of worth for Your kingdom and Your glory through our Lord and Saviour Jesus Christ.

오 주님, 저희를 창조하신 당신의 지혜와 저희를 구원하신 당신의 사랑 안에서 주님의 뜻을 이루도록 당신의 은혜로 도와 주옵시며, 저희가 이 땅에 사는 날 동안 다른 사람들을 섬기고 주님의 나라와 영광을 위해 가치 있는 일을 성취할 수 있도록 도와 주옵소서. 우리 주시며 구원자이신 예수 그리스도의 이름으로 기도드립니다.

God our Father, guide our minds and strengthen our wills, that we may give ourselves to You in thankfulness and love, and be used in the service of Your kingdom; for Jesus Christ's sake.

하나님 아버지, 저희 생각을 인도하시고 저희의 뜻을 강하게 하셔서 감사와 사랑으로 저희 자신을 주님께 드리고 주님 나라를 섬기는 데 사용되도록 하옵소서. 예수 그리스도의 이름으로 기도드립니다.

Thank You, O God, for Your love, and for all that You have done for me. Help me to do more for You, and to live only and always for Your glory; for Jesus Christ's sake.

오 하나님, 당신의 사랑과 저를 위해 하신 모든 것에 감사합니다. 제가 당신을 위해 더 많은 것을 하고 언제나 오직 당신의 영광만을 위해 살도록 도와 주옵소서. 예수 그리스도의 이름으로 기도드립니다.

O God, we love You because You first loved us. Yet our love for You is so feeble, while Your love for us is so strong. Teach us more of Your love that we may love You better; and help us to show our love for You by our love for others in Jesus Christ our Lord.

오 하나님, 당신을 사랑합니다. 당신께서 먼저 저희를 사랑하셨기 때문입니다. 그러나 아직 당신의 그 강한 사랑에 비해 당신에 대한 저희 사랑은 정말 미약합니다. 더 많은 주님의 사랑을 가르쳐 주셔서 저희가 당신을 더욱 사랑하도록 도와 주옵소서. 그리고 다른 사람들을 사랑함으로 당신에 대한 저희 사랑이 나타나도록 도와 주옵소서. 우리 주 예수 그리스도의 이름으로 기도드립니다.

We believe in God the Father, Creator of all that is, whose mystery is beyond our understanding, whose love is always around us. We believe in God the Son, Jesus the incarnate Word, who suffered and died for us, our risen and living Lord. We believe in God the Holy Spirit, Spirit

21

of truth and love, God's power in the church and the world, within our hearts to strengthen and sanctify. Glory be to the Father, the Son, and the Holy Spirit, now and forever.

창조자이신 하나님 아버지를 믿습니다. 주님의 신비하심은 저희 지식을 넘어서고 주님의 사랑은 항상 저희를 감싸고 있습니다. 말씀이 육신이 되어 오신 하나님의 아들 예수님을 믿습니다. 예수님께서는 저희를 위해 고통을 당하시고 죽으셨다가 다시 일어나신 살아 계신 주이십니다. 또한 성령 하나님을 믿사오니 이는 진리와 사랑의 영이시며, 교회와 세상 가운데 있는 하나님의 능력이시며, 우리를 강하게 하시고 성화시키시는 분이십니다. 성부와 성자와 성령께 영광이 영원하시길….

Lord, You have taught us to trust and not be afraid: deliver us from fear of the unknown future, fear of failure and poverty, fear of sickness and pain, fear of bereavement and loneliness, fear of old age and fear of death. Help us, our Father, to love and fear You alone, that with strong faith and cheerful courage we may commit ourselves and all the days to come into Your safe keeping, in the name of Christ our Lord.

주님, 주님께서는 저희에게 믿고 두려워하지 말라고 가르쳐 주셨습니다. 불확실한 미래에 대한 두려움, 실패와 가난에 대한 두려움, 병과 고통에 대한 두려움, 사별과 외로움에 대한 두려움, 노후와 죽음에 대한 두려움으로부터 구하여 주옵소서. 아버지, 하나님을 사랑하며 오직 하나님만을 두려워하도록 도와 주셔서 저희가 강한 믿음과 활발한 용기로 저희 자신을 헌신하고 당신의 보호하심 아래 살아가도록 하여 주옵소서. 우리 주 그리스도의 이름으로 기도드립니다.

Heavenly Father, in this age of noise and speed and restless activity, grant us tranquillity: the inner tranquillity of spirit which is theirs who trust in Your sovereign love and wisdom; that as the life of the world surges around us, we may yet be still and know that You are God; through Jesus Christ our Lord.

하늘에 계신 아버지, 시끄럽고 급하고 쉴새없이 돌아가는 이 시대에 저희에게 평온을 주옵소서. 당신의 큰 사랑과 지혜를 믿는 자들이 갖는 영의 내적 평온은 세상 살이가 저희 주위로 밀려올 때 흔들리지 않고 당신이 여전히 하나님이심을 알게 합니다. 우리 주 예수 그리스도의 이름으로 기도드립니다.

Heavenly Father, You have made us new creatures: the old life is over, the new life has begun. Help us to enter more deeply into this experience that through Christ we may die to sin, live to truth and righteousness, and be daily renewed by Your Holy Spirit, to the honour of Your name.

하늘에 계신 아버지, 당신은 저희를 새롭게 하셨습니다. 옛 삶은 지나가고 새 삶이 시작되었습니다. 저희가 이 경험을 더 깊이 체험하여 그리스도로 말미암아 죄에 죽고, 진리와 의에 살며, 성령으로 매일 새롭게 되도록 도와 주옵소서. 당신의 존귀한 이름으로 기도드립니다.

23

Heavenly Father, we confess how weak we are in ourselves as we face temptation, and how strong are the forces of evil in the world around us. Daily and hourly gird us with Your strength, that we may be saved from sinning and be victorious over every foe; for Yours, O Lord, is the power, as Yours also is the kingdom and the glory, forever and ever.

하늘에 계신 아버지, 저희가 유혹과 마주할 때 너무나 약함을 고백합니다. 저희를 둘러싼 세상 마귀의 힘은 얼마나 강한지요. 매일 매시간 저희를 당신의 힘으로 묶어 주셔서 죄로부터 구원되고 모든 적들에게 승리하도록 해 주옵소서. 오 주님, 능력은 당신의 것이며, 그 나라와 영광 또한 영원히 당신 것입니다.

We praise You, Lord Christ, that in Your infinite love You came to save us from our sins and to bring us to God. We praise You that You come to us now in the power of Your Spirit to strengthen us all our days. Help us to remember that You will come again in Your majesty to be our judge, that we may dedicate our lives to the furtherance of Your kingdom. We ask it for the honour and glory of Your name.

주 그리스도시여, 끝없는 사랑으로 저희를 죄로부터 구하시고 저희를 하나님께 나아가게 하기 위해 오신 당신을 찬양합니다. 이 세상 사는 동안 저희를 강하게 하기 위해 성령의 능력으로 지금 저희에게 오신 당신을 찬양합니다. 주님의 주권으로 저희를 심판하시기 위해 다시 오시리라는 것을 기억하게 도와 주셔서 주님 나라를 확장하는 데 저희 삶을 헌신하도록 하옵소서. 주님의 존귀하고 영광스러운 이름으로 기도드립니다.

Lord Jesus, who came to save us from our sins: You have taught us that You will come again to take account of Your servants and to reward faithful service. Help us to live as men who wait for their master, with loins burning, maintaining a good witness; that we may not be ashamed before You at Your coming but enter into Your eternal joy.

저희를 죄에서 구하시기 위해 오신 주 예수님, 주님은 주의 종들을 돌아보고 그들의 충성스런 섬김에 상 주시기 위해 다시 오신다고 가르치셨습니다. 허리를 동이고, 선한 증인으로서 주인을 기다리는 종처럼 살도록 도와 주옵소서. 그래서 주님이 오실 때 주님 앞에서 부끄럽지 않게 하시며, 주님의 영원한 기쁨에 참여케 하옵소서.

Heavenly Father, give us the faith to receive Your Word, the understanding to know what it means, and the courage to put it into practice in our lives.

하늘에 계신 아버지, 당신의 말씀을 받아들이는 믿음과 말씀의 뜻을 깨닫는 명철과 말씀을 저희 삶에 적용하는 용기를 주옵소서.

25

O God, You have promised that Your Word shall not fail of its purpose: we pray for all who this day will read or listen to some part of the Bible; that the Holy Spirit may open their eyes to see the truth, and their hearts to receive it. Amen.

오 하나님, 하나님의 말씀은 반드시 성취된다고 약속하셨습니다. 오늘날 성경을 읽고 듣는 자들을 위해 기도합니다. 성령께서 그들의 눈을 열어 주셔서 진리를 볼 수 있도록 하시며, 그들의 마음을 열어 주셔서 말씀을 받아들이도록 하여 주옵소서. 아멘.

Intercessory Prayer

중보 기도

Lord, we come to You in the assurance that You are present with us now. We do not have to seek Your presence. We are daily living in Your presence. Make us aware of it. And help us in these moments of prayer to near and not far off, whose love is all around us and who knows our every need. We ask it through our Saviour Jesus Christ.

주님, 당신이 지금 저희와 함께 계심을 확신하며 주님께 나아갑니다. 저희가 감히 주님의 임재하심을 구할 수 없나이다. 주님의 임재 안에서 매일 살고 있으니까요. 주님의 임재를 알게 해 주옵소서. 기도하는 이 순간, 저희를 감싸고 계신 분의 사랑과 저희의 모든 필요를 아시는 분으로부터 가까워지게 하시고 멀어지지 않도록 도와 주옵소서. 우리 구세주 예수 그리스도의 이름으로 기도드립니다.

Almighty God and Father, help us to be still in Your presence, that we may know ourselves to be Your people, and You to be our God; through Jesus Christ our Lord.

전능하신 하나님 아버지, 당신의 임재 안에서 묵묵히 있게 하옵소서. 그래서 저희 자신이 당신의 백성임을 알게 하시고 당신이 저희 하나님이심을 알게 하소서. 우리 주 예수 그리스도의 이름으로 기도드립니다.

Lord, teach us to pray. Help us to come with boldness to the throne of grace. Make us conscious of Your presence in our midst. Give us the Holy Spirit. Enlarge our vision and increase our faith. And may our words and our thoughts be now acceptable in Your sight, O Lord, our rock and our redeemer.

주님, 저희가 기도하도록 가르치소서. 저희가 담대함으로 영광의 보좌 앞으로 나아가도록 도와 주옵소서. 저희 가운데 당신의 임재를 의식하도록 하소서. 저희에게 성령을 주옵소서. 저희의 꿈을 넓히시고 저희의 믿음이 자라게 하소서. 반석이시며 구세주이신 주님, 저희 말과 생각이 지금 당신 보시기에 합당하게 하옵소서.

Father of all, we are Your family, and You call us to live together as brothers. Help us to overcome the barriers that divide us as men and nations one from another. Bless every effort being made to bring peace and understanding to the world, so that we may learn Your ways and serve Your will, in the name of Jesus Christ our Lord.

만민의 아버지, 저희는 주님의 가족이며 주님은 저희를 형제로 함께 살도록 부르셨습니다. 개개인과 각나라로 저희를 나눈 장벽을 극복하도록 도와 주옵소서. 세상에 평화와 화합을 이루도록 하는 모든 노력 위에 축복하소서. 그래서 저희가 주님의 길을 배우고 주님의 뜻을 섬기게 하옵소서. 우리 주 예수 그리스도의 이름으로 기도드립니다.

O God of love, in whose will is our peace, so set Your peace in the hearts of men that the nations of the world may learn to live as members of one family and children of one God and Father, to the glory of Your name; through Jesus Christ our Lord.

오 사랑의 하나님, 평화를 원하시는 주님, 주의 평화를 인간들의 마음에 심어 주소서. 그래서 이 세상의 백성들이 한 가족으로서 그리고 한 분 하나님 아버지의 자녀로서 사는 법을 배우도록 하옵소서. 주님께 영광을 돌리며, 우리 주 예수 그리스도의 이름으로 기도드립니다.

Lord, give to the nations wisdom to understand the things that belong to their peace and to reject the things that make for war. And we pray that, realizing our common humanity, we may live together as a family and make the world a home, bearing one another's burdens, ministering to one another's needs, and obeying Your laws in righteousness, as children of one God and Father in Jesus Christ our Lord.

주님, 세계 민족들에게 평화에 속한 것들을 이해하고 전쟁을 만드는 요소를 거절하는 지혜를 주옵소서. 그리고 보편적인 인간성을 깨달아 서로의 짐을 나눠 지고, 서로의 필요를 채워 주며, 정의 안에서 주의 율법에 순종하면서, 가족으로서 그리고 한 하나님 아버지의 자녀로서 함께 살면서 세계를 한 가정으로 만들기를 원합니다. 우리 주 예수님의 이름으로 기도드립니다.

31

Heavenly Father, may Your Holy Spirit lead the rich

nations to support the poor, and the strong nations to protect the weak, so that every nation may develop in its own way and work together with other nations in true partnership for the promotion of peace and the good of all mankind; through Jesus Christ our Lord.

하늘에 계신 아버지, 성령의 인도하심에 따라 잘사는 나라가 가난한 나라를 도와 주고 강한 나라가 약한 나라를 보호해 주도록 하옵소서. 그래서 모든 나라가 함께 발전하고 평화 촉진과 인류의 선을 위해 진정한 협력 안에서 다른 나라들과 같이 일하도록 해 주옵소서. 우리 주 예수 그리스도의 이름으로 기도드립니다.

Almighty God, King and Judge of all mankind, look in pity upon the nations oppressed by strife, bitterness and fear. We acknowledge our share in the sins which brought us so often to the brink of destruction. May Your goodness lead us to repentance, that we may yet be spared. Restrain the pride, the passions and the follies of men, and grant us Your grace, mercy and peace; through Jesus Christ our Saviour.

전능하신 하나님, 온 인류의 왕이시며 심판자이시여, 싸움과 비통함과 두려움으로 압박받고 있는 나라들을 불쌍히 여기소서. 저희를 자주 멸망의 벼랑 끝으로 이끌어 가는 죄에 대한 저희의 책임을 인정합니다. 당신의 선하심으로 저희를 회개하게 하셔서 용서함을 받게 하옵소서. 교만과 인간적인 열정과 어리석음을 억제하시고, 당신의 은혜와 자비와 평안을 베풀어 주옵소서. 구원자이신 예수 그리스도의 이름으로 기도드립니다.

Lord God, we pray that Your Holy Spirit may rest on all who bear responsibility for government among the nations. Give them wisdom, courage and strength, that they may make and maintain a true and lasting peace, and that the peoples of the world may dwell together without enmity and fear, to the glory of Your name.

주 하나님, 성령께서 각 국가의 정부를 책임지고 있는 모든 사람에게 임하시기를 기도합니다. 그들에게 지혜와 용기와 힘을 주셔서 그들이 진리와 영원한 평화를 만들고 이를 유지케 하시고, 세상 사람들이 적개심과 두려움 없이 함께 살아가도록 해 주시옵소서. 주님의 존귀하신 이름으로 기도드립니다.

Almighty God, we pray for those who occupy high office in the nations of the world. Help them to govern wisely and well; to seek the welfare of all their people; and to make their contribution to the stability, well-being and peace of the world; through Jesus Christ our Lord.

전능하신 하나님, 전 세계 각국의 높은 자리에 있는 자들을 위해 기도드립니다. 그들이 지혜롭게 정치를 잘하도록 도와 주옵소서. 모든 백성들의 복리를 추구하며, 세상의 안정과 행복과 평화에 기여하도록 도와 주옵소서. 우리 주 예수 그리스도의 이름으로 기도드립니다.

We pray, O God, for the leaders of the nations; that building on the foundations of justice, truth and freedom, they may unite men everywhere in the bonds of peace, for the glory of Your name.

33

오 하나님, 나라 지도자들을 위해 기도드립니다. 정의와 진실과 자유로 기초를 세우셔서 어떤 곳에 있는 사람이든지 평화의 끈으로 연합되게 하옵소서. 예수님의 존귀하신 이름으로 기도드립니다.

God bless our land; God guide our rulers; God resolve our differences; God revive our churches; God forgive our selfishness; God protect our homes; God strengthen our faith; through Jesus Christ our Lord.

하나님! 저희 땅에 복을 내려 주옵소서. 저희 지도자들을 인도하소서. 저희들의 차이점을 용해시켜 주옵소서. 교회를 부흥시켜 주옵소서. 저희의 이기심을 용서하옵소서. 저희 가정을 보호하옵소서. 저희의 믿음을 강하게 하옵소서. 우리 주 예수 그리스도의 이름으로 기도드립니다.

Almighty God, You have commanded us to love You with all our mind: help us to grow in knowledge and to be mature in our thinking, remembering that reverence for You is the beginning of wisdom. Bless universities of education, that in them Your name may be honored and from them may come men and women concerned to know and teach the truth as it is revealed in Your Son, Jesus Christ our Lord.

전능하신 하나님, 주님께서 저희에게 명하시길 전심으로 하나님을 사랑하라고 하셨습니다. 지식이 성장하게 하시고 저희 생각을 성숙되게 하시며 주님을 경외하는 것이 지혜의 시작임을 기억하게 하옵소서. 대학교 교육에 은혜를 베푸셔서 대학에서 주님의 이름이 존경받고, 하나님의 아들, 우리 주 예수 그리스도 안에서

드러난 진리를 알고 가르치는 데 관심을 갖는 남녀 학생들이 배
출되게 하옵소서.

O God our Father, we pray for the children growing up
in our schools as they prepare for their tasks in life. May
they learn the lessons of greatest worth: self-discipline,
integrity of character, care for other, and a true sense of
values. So may they acquire wisdom as well as
knowledge, and be strong in spirit to serve their
generation and to further Your will; through Jesus Christ
our Lord.

하나님 우리 아버지, 인생의 과제를 준비하면서 학교에서 성장하
고 있는 어린이들을 위해 기도드립니다. 그들이 가장 가치 있는
것을 배우게 하옵소서. 자기 훈련, 흠 없는 성격, 다른 사람들에
대한 배려, 그리고 진정한 가치에 대한 통찰력을 배우게 하옵소
서. 그래서 그들이 지식뿐만 아니라 지혜를 얻게 하시고 영이 더
욱 더 강건해져 그 세대를 섬기고 하나님의 뜻을 널리 이루도록
하옵소서. 우리 주 예수 그리스도의 이름으로 기도드립니다.

Help us always to remember You, our heavenly Father,
and to keep our lives pure by guarding them according
to Your Word, that we may serve You to the best of our
powers all our days, for Jesus' sake.

하늘에 계신 아버지, 항상 당신을 기억하고 당신의 말씀에 따라
살아 저희 삶을 순결하게 지키도록 도와 주옵소서. 그래서 저희
가 사는 동안 전력으로 주님을 섬기게 하옵소서. 예수님의 이름
으로 기도드립니다.

For those in need, O Lord, we make our prayer; the sick in mind or body, the blind and the deaf, the fatherless and the widow, the sorrowing, the anxious and the perplexed. Give them courage, patience, and peace of heart, and do for them whatever is for their good; for the sake of Jesus Christ our Lord.

오 주님, 곤궁에 처한 자들을 위해 기도드립니다. 정신적·육체적으로 아픈 자, 소경과 귀머거리, 고아와 과부, 슬픔에 빠진 자, 염려와 당혹감에 사로잡힌 자들을 위해 기도드립니다. 그들에게 용기와 인내, 그리고 마음의 평안을 주시고 그들의 선한 소원을 이루어 주옵소서. 우리 주 예수 그리스도의 이름으로 기도드립니다.

We pray, O God, for the church in the world of today: that it may be true to its gospel and responsive to the needs of mankind; that it may conserve what is good in the past and reach boldly to future; and that it may care for the individual and help to change society. We ask it in the name of Jesus Christ our Lord.

오 하나님, 오늘날 이 세상의 교회를 위해 기도드립니다. 교회가 진실된 복음을 가지며 사람들의 필요에 민감하게 하옵소서. 과거의 좋은 점을 보존하고 미래를 향해 담대하게 나아가게 하옵소서. 그리고 각 개인을 돌보고 사회를 변화시키게 하옵소서. 우리 주 예수 그리스도의 이름으로 기도드립니다.

Almighty God, You have called Your church to share in Your mission to the whole world: give to us and to all Your people such belief in the gospel and such faithfulness in service that the life of mankind may be renewed in the knowledge and love of Your Son, Jesus Christ our Lord.

전능하신 하나님, 주님은 온 세상을 향한 주님의 사명을 나누기 위해 교회를 부르셨습니다. 저희와 당신의 모든 자녀들에게 복음 신앙과 신실한 섬김을 주옵소서. 그래서 인간들의 삶이 당신의 아들, 예수 그리스도 우리 주님의 지식과 사랑 안에서 새로워지 게 하옵소서.

We pray, O God, for Your church throughout the world, that Christians may respond wholeheartedly to Your love by committing themselves to the service of Your kingdom, with faith strengthened by a living experience of Christ's presence, and with freedom and courage to follow where Christ leads, for the honor of His name.

오 하나님, 세상에 퍼져 있는 당신의 교회를 위해 기도합니다. 그리스도인들이 하나님의 나라를 섬길 때 자신을 헌신하여 당신 의 사랑에 전심으로 화답하게 하옵소서. 그리스도의 임재를 생생 히 체험하여 강해진 믿음과 그리스도께서 인도하시는 대로 따라 가는 자유함과 용기를 가지고 그렇게 하게 하옵소서. 예수님의 존귀하신 이름으로 기도드립니다.

Lord, You have consecrated the world by sending Your Son into the midst of it and by making all things new in Him. We ask You to give us and all Your people the courage and power we need, to share fully in His mission to the world and to further His kingdom in the lives of men, to the honor and glory of His name.

주님, 주님은 세상 가운데 당신의 아들을 보내시고 그 아들 안에서 모든 것들을 새롭게 함으로 세상을 신성하게 하셨습니다. 저희와 당신의 모든 자녀들에게 필요한 용기와 힘을 주시어, 주님의 사명을 세상에 널리 나누고 인류의 삶 가운데 주님의 나라가 확장되도록 하옵소서. 예수님의 존귀하고 영광스러운 이름으로 기도드립니다.

O God, You have called men and women of every land to be a holy nation, a royal priesthood, the church of Your dear Son: unite us in mutual love across the barriers of race and culture, and strengthen us in our common task of being Christ and showing Christ to the world .

오 하나님, 주님은 모든 땅의 남녀들을 거룩한 민족, 왕 같은 제사장, 당신의 사랑하는 아들의 교회가 되도록 부르셨습니다. 저희를 인종과 문화의 울타리를 넘어 서로 사랑 안에서 일체가 되게 하시며, 그리스도가 되고 세상에 그리스도를 알게 하는 저희의 공동 사역에 힘을 주옵소서.

Father, You have committed to men the good news of Your saving love and set us as ambassadors for Christ in Your world: help us together to bear witness to the message of reconciliation, that men may become new creatures in Jesus Christ our Lord.

아버지, 당신은 인류를 구속한 사랑이라는 기쁜 소식을 저희들에게 위탁하셨으며, 저희를 하나님 나라에 있는 예수님의 대사로 삼으셨습니다. 화평의 메시지를 증거하도록 저희와 함께하옵소

서. 그래서 사람들이 우리 주 예수 그리스도 안에서 새로운 피조
물이 되게 하옵소서.

Eternal God and Father, give to us grace and courage to
proclaim Your mighty work in Christ. May we work
together for the coming of the kingdom in our own time,
ever looking in joyful hope for its consummation at the
end of the age, through Jesus Christ our Lord.

영원하신 하나님 아버지, 저희에게 당신의 광대한 사명을 그리스
도 안에서 선포하도록 은혜와 용기를 주옵소서. 저희가 마지막
날의 성취를 기쁜 소망으로 바라보며 저희의 때에 임할 왕국을
위해 함께 일하게 하옵소서. 우리 주 예수 그리스도의 이름으로
기도드립니다.

Father, You show the world the way to live through the
Words: grant us Your grace, that we who follow Him
may proclaim the Word to the people of this country;
through Jesus Christ our Lord.

아버지, 말씀으로 사는 방법을 세상에 가르쳐 주시옵소서. 저희
에게 은혜를 베푸셔서 주님을 따르는 저희가 이 나라 백성들에게
말씀을 전파하게 하옵소서. 우리 주 예수 그리스도의 이름으로
기도드립니다.

Lord God, the harvest is plentiful but the laborers are
few. And so we pray that You, the Lord of the harvest,
will send forth laborers into Your harvest, to preach the

good news to the nations, to build up Your church in every land, and to serve the needs of mankind everywhere; for the sake of Jesus our Saviour.

주 하나님, 추수할 것은 많으나 추수할 일꾼들이 적습니다. 그래서 주님께 기도하오니, 추수의 하나님, 추수할 일꾼들을 보내셔서 민족들에게 복음을 전파하게 하시고 모든 땅에 주님의 교회를 세우며, 어디든지 곤궁에 처한 사람들을 섬기게 하옵소서. 우리의 구원자 예수님의 이름으로 기도드립니다.

Almighty God, You have called Your people to shine as lights in the world; we pray for our fellow Christians who bear their witness in difficult place, and for those who suffer persecution and imprisonment for the gospel's sake. Uphold their faith; bless their testimony; give them freedom of spirit; and cause Your Word everywhere to be spread and triumph, for the honor of our Lord and Saviour Jesus Christ.

전능하신 하나님, 주님은 당신의 백성을 세상의 빛으로 부르셨습니다. 어려운 곳에서 복음을 전하는 저희 동료 그리스도인들과 복음을 위해 박해를 당하고 투옥당한 사람들을 위해 기도합니다. 그들의 믿음을 격려하시고, 그들의 간증을 축복하시며, 그들에게 영의 자유함을 주셔서 주님의 말씀이 두루 퍼지고 승리하게 하옵소서. 우리의 존귀하신 주이시며 구원자이신 예수 그리스도의 이름으로 기도드립니다.

Awaken, O God, Your church throughout the world to see in all the tensions and unrest of these times the cross of Christ as the one way of peace; and let the living Spirit of the Lord so move among Christian people every where that there may be a revival of that faith by which of old the lost were saved, the captives were set free, men's hearts were changed, and righteousness became victorious over sin. We ask it in the name of our Saviour Jesus Christ.

오 하나님, 세상에 퍼져 있는 당신의 교회가 오늘날과 같은 긴장과 불안 속에서 오직 그리스도의 십자가만이 유일한 평화의 길임을 깨닫도록 하소서. 그리고 살아 계신 성령께서 모든 그리스도인들 가운데 역사하셔서 옛 믿음의 부흥이 일어나 잃어버렸던 자가 구원받고, 묶인 자가 자유롭게 되며, 사람들의 마음이 변화되고, 의가 죄를 이기게 하소서. 우리의 구원자이신 예수 그리스도의 이름으로 기도드립니다.

O God, pour out Your Spirit upon us and Your whole church; that with renewed faith, vision and obedience we may more joyfully testify to Your new creation in Christ, and more selflessly serve Your new order; for the glory of our Lord and Saviour Jesus Christ.

오 하나님, 저희와 모든 교회에 성령을 부어 주소서. 새로운 믿음과 비전과 순종으로 그리스도 안에서 새롭게 된 자들에게 더 큰 기쁨으로 간증하고 당신의 새로운 명령을 더 헌신적으로 받들게 하옵소서. 우리 주이시며 구원자이신 예수 그리스도의 존귀하신 이름으로 기도드립니다.

Lord God, heavenly Father, grant to Your church today

the faith of her apostles, the hope of her martyrs, and the love of her Lord, in Jesus Christ's name we pray.

하늘에 계신 아버지, 주 하나님이시여. 늘 당신의 교회에 사도들의 믿음과 순교자들이 가졌던 소망과 주님의 사랑을 주시기를 예수 그리스도 이름으로 기도드립니다.

Heavenly Father, in Your Word You have taught us to maintain the unity of the Spirit in the bond of peace: forgive our complacency with the present divisions in Your church. Break down the barriers of pride and misunderstanding which keep us and our fellow Christians apart. Make us more humble and deepen our love one for another; and show us how we can more closely worship and work together as members of the one Body of Christ our Lord.

하늘에 계신 아버지, 말씀 가운데 주님은 평화의 띠 안에서 성령으로 하나 되라고 가르쳐 주셨습니다. 교회가 분열하고 있는데도 자기 만족을 하고 있는 저희를 용서하옵소서. 저희와 동료 그리스도인들 사이를 갈라놓는 교만과 오해의 장벽을 무너뜨려 주옵소서. 더 겸손하고 서로를 더 깊게 사랑하도록 하옵소서. 그리고 저희가 우리 주 그리스도의 한 몸 된 지체로서 어떻게 더 가깝게 예배드리고 같이 사역할 수 있는지 보여 주옵소서.

O God our Father, bless Your church with unity and peace. Make her here and all over the world a true fellowship of the Spirit in which no distinction is made because of race or color, class or party: a fellowship of love in which all are really one in Christ. We ask it in His name, who is our one Lord.

오 하나님 우리 아버지, 교회가 하나 되고 평화롭도록 축복하옵소서. 교회가 온 세상에서 두루 인종, 색깔, 계급 그리고 파벌의 구별 없이 진정한 성령의 교제를 갖도록 하옵소서. 그리스도 안에서 모든 교회가 진정으로 하나가 되는 사랑의 교제를 갖도록 하옵소서. 오직 한 분이신 우리 주님의 이름으로 기도드립니다.

Lord of the church make the church one, and heal our divisions; make the church holy; make the church apostolic, with the faith and mission of the first apostles. We ask it in the name of Jesus Christ our Lord.

교회의 주님, 교회를 하나로 만들고 분열을 치유하여 주옵소서. 교회를 거룩하게 하옵소서. 초대 사도들의 믿음과 사명을 따르는 사도적인 교회가 되게 하옵소서. 우리 주 예수 그리스도의 이름으로 기도드립니다.

We give thanks, O God our Father, for the many blessings of this life: for health and strength and all our powers of body and mind; for our homes and loved ones and for the wonderful joy of friendship; for our work and the opportunity of service; for the beauty and bounty of the world of nature; for the kindness, generosity and sympathy shown to us by so many along life's journey.

오 하나님 우리 아버지, 저희의 삶에 많은 복을 주시니 감사합니다. 건강과 힘과 몸과 마음의 모든 능력을 주셔서 감사합니다.

가정과 사랑하는 자들을 주시고 놀라운 기쁨으로 사귐을 갖도록 하시니 감사합니다. 직장과 봉사할 수 있는 기회를 주셔서 감사합니다. 아름답고 풍성한 자연을 주셔서 감사합니다. 삶의 여로에 보여 주신 친절과 관용과 위로에 감사를 드립니다.

Give us thankful hearts, O God, for all Your goodness, and help us by the way we live to repay some of the debt we owe; for the sake of Him who came not to be served but to serve, Your Son our Saviour Jesus Christ.

오 하나님, 주님의 모든 선하심에 감사하는 마음을 주옵시며 우리 삶을 통해 저희가 빚진 것을 갚도록 도와 주옵소서. 섬김을 받기 위해 오신 것이 아니라 섬기기 위해 오신 당신의 아들 우리 구원자 예수 그리스도의 이름으로 기도드립니다.

We praise You, God our Father, for the richness of Your creation, for the uniqueness of each person, for the creativity which sustains and renews our cultures, for Your faithfulness towards Your people.

하나님 우리 아버지, 당신이 창조하신 세상의 풍부함과 각 사람의 독특함과 저희 문화를 유지하고 새롭게 하는 창조성과 주님의 백성을 향한 당신의 신실함으로 인해 주님을 찬양합니다.

We praise You, Jesus our Lord, for Your constant meddling in our affairs, for Your identification with the poor, for Your sacrifice for all men on the cross, for revealing the true man to all people.

우리 주 예수님, 저희 일에 끊임없이 간섭하시며, 가난한 자와 같이 되시고, 모든 인간들을 위해 십자가에서 희생당하시며, 모든 사람들에게 진실한 자의 모습을 보여 주신 당신을 찬양합니다.

We praise You, God the Spirit, for Your inspiration of life, for Your insistence to draw us always to Christ, for the infusion of unrest among men, for Your patient preparation of the fulfilment of history.

성령의 하나님, 삶에 영감을 주시고, 항상 그리스도께 다가가도록 권고하시며, 저희 가운데 있는 불안을 없애 주시고, 역사의 완성을 위해 인내로 준비하시는 당신을 찬양합니다.

We praise You, O Lord, for not doing for us according to our sins, for continuing Your love to all that lives, for continuing Your disturbing call to repentance, for continuing life on earth.

오 주님, 저희의 죄에 따라 책망하지 않으시고, 한평생 계속 사랑해 주시며, 회개하도록 계속 귀찮게 부르시고, 지구에 생명을 지속시켜 주시는 당신을 찬양합니다.

God of love and truth, you call men and women to full-time service for the building up of Your church and the proclamation of Your gospel. We pray for local churches and associations that they might be responsive to the leading of Your Spirit, able to recognize the gifts of ministry and the signs of Your call. We pray for superintendents as they lead and encourage the churches in ministry and mission, caring for the pastors, and encouraging the people. God of grace, You call us and You equip us for our calling. Open our ears to hear Your call. Open our eyes to read Your Word and to see Your world as Christ sees it. Open our hands to give what we have and what we are back to You for Your service. Open our hearts to the wonder and the glory of Your love, that we might all minister in the way of Christ; in His name we pray.

사랑과 진실의 하나님, 주님은 남녀 모두를 주님의 교회를 세우고 복음을 전파하는 데 전적으로 봉사하도록 부르셨습니다. 지역 교회와 교회 내 단체들이 성령의 인도하심에 잘 따르며 사역의 은사와 부르심의 계시를 알 수 있도록 하옵소서. 목사들을 돌보고, 사람들을 격려하면서, 주의 일과 선교 사역에서 교회를 인도하고 용기를 주는 감독자들을 위해 기도합니다. 은혜의 하나님, 주님은 저희를 부르시며 저희가 부르심에 곧바로 응답하도록 준비시키십니다. 당신의 부르심을 듣도록 저희의 귀를 열어 주옵소서. 주님의 말씀을 읽고 그리스도가 보듯이 세상을 보도록 저희의 눈을 열어 주옵소서. 주님의 일을 위해 저희가 가진 것과 저희가 주님께 돌려 드려야 할 것을 드리도록 저희 손을 펴 주옵소서. 저희의 마음을 열어 주사 주님의 사랑에 놀라며 영광을 돌려 드리게 하옵소서. 그리스도의 방법대로 모든 사역을 감당하도록 하옵소서. 주님의 이름으로 기도드립니다.

Bless with Your comfort all who are in trouble or pain. Heal those who are sick; support those who are dying;

console those who mourn; supply the wants of those who are in need. And be near to those whom now we name in silence. Bless our homes, that love and joy may dwell there; and keep those who are absent from us within the protection of Your love.

문제와 아픔이 있는 모든 자들을 당신의 위로하심으로 축복하옵소서. 병든 자를 치유하시고, 죽어 가는 자에게 힘을 주시며, 슬퍼하는 자를 위로하시고, 도움이 필요한 자들의 필요를 공급해 주옵소서. 그리고 침묵으로 지금 이름 부른 자들에게 가까이 가옵소서. 저희 가정을 축복하셔서 사랑과 기쁨이 머물게 하시며, 일일이 구하지 못한 자들도 주님 사랑의 보호 아래 지켜 주옵소서.

Loving God, You care for all Your children; You know each one and hear each prayer, You know each house and see each need. Give peace and love to those who call upon You, and receive us into the kingdom of Your light.

사랑하는 하나님, 주님은 주님의 자녀를 돌보아 주십니다. 주님은 저희들 각자를 아시며 각자의 기도를 들어 주십니다. 주님은 각자의 집안 사정을 아시며 각자의 필요를 아십니다. 당신을 부르는 자들에게 평안과 사랑을 주시며, 주님의 빛의 나라로 저희를 인도하옵소서.

Bless Your church here and everywhere. Confirm Your people in the faith of the gospel and inspire them with love for Your house, zeal in Your service, and joy in the will of Your kingdom.

흩어져 있는 당신의 교회를 축복하옵소서. 당신의 백성이 복음에 대한 믿음을 확고히 하고, 당신의 집을 위하여 사랑으로 영감을 받으며, 당신을 섬기는 일에 열성을 가지고, 주님 나라의 뜻 안에서 기쁨을 누리게 하옵소서.

Bless the whole world with peace. Kindle in the hearts of all people the true love of all people and the true love of peace, and guide with Your wisdom the leaders of the nations, that Your kingdom may advance until the earth be filled with the knowledge of Your love.

온 세상을 평화로 축복하옵소서. 모든 사람들의 마음이 인류와 평화에 대한 진정한 사랑으로 불타게 하시며, 각국의 지도자들을 당신의 지혜로 인도하옵소서. 그래서 지구가 주님의 사랑에 대한 지식으로 가득 찰 때까지 주님의 왕국이 진전되도록 하옵소서.

Lord God, today we celebrate the birthday of the church. The followers of Jesus waited behind locked doors, yet Your Spirit came to them in power, changing them from a bewildered band into a proclaiming people. We pray for ourselves and for Your whole church, that we might be open to the empowering presence of Your Spirit, open to the gracious gifting of Your Spirit, and open to the adventurous leading of Your Spirit. Holy Spirit, enthuse us, that we go out into the streets and market places of our world, preaching the good news of Jesus Christ. Holy Spirit, fill us with spirit, ready to share what we are and what we have with others. In Jesus' name, amen.

주 하나님, 오늘 저희는 교회의 창립을 축하하고 있습니다. 예수님을 따르는 자들은 꼭 잠긴 문 안에서 기다렸는데, 이미 성령이 그들에게 능력으로 오셔서 그 당황하는 무리를 전파하는 자들로 바꾸셨습니다. 저희 자신과 모든 교회를 위해 기도합니다. 저희가 성령의 권능 있는 임재에 마음을 열고, 성령의 풍성한 선물에 마음을 열고, 성령의 모험적인 인도하심에 마음을 열게 하옵소서. 성령님, 저희를 열광시키셔서 저희가 세상의 거리와 시장으로 나가 예수 그리스도의 복음을 전하게 하옵소서. 성령님, 저희를 성령으로 채우셔서 저희의 현재 모습과 가지고 있는 것을 다른 사람들과 나눌 수 있게 하옵소서. 예수님의 이름으로 기도드립니다. 아멘.

We pray for our country: for our leader; for those who frame our laws and shape our common life; for those who keep the peace and administer justice; for those who teach, those who heal, all who serve the community.

저희 나라를 위해 기도드립니다. 저희의 지도자들, 법을 만들고 저희 일상 생활을 규정하는 자들, 평화를 지키고 정의를 집행하는 자들, 가르치는 자들, 병을 고치는 자들, 지역 사회를 섬기는 모든 사람들을 위해 기도드립니다.

We pray for people in need: those for whom life is a bitter struggle; those whose lives are clouded by death or loss, by pain or disability, by discouragement or fear, by shame or rejection.

가난한 자들을 위해 기도합니다. 삶이 고통스러운 자들, 죽음이나 잃음, 고통이나 무능력, 낙심이나 두려움, 부끄러움이나 거절

당함으로 인해 삶에 구름이 낀 자들을 위해 기도드립니다.

We pray for those in the circle of friendship and love
around us: children and parents; sisters and brothers;
friends and neighbours.

우리 주위의 우정과 사랑의 굴레 안에 있는 사람들, 즉 자녀와
부모, 형제 자매, 친구와 이웃을 위해 기도드립니다.

Prayer for Marriage
and Family Life
결혼과 가정 생활에 대한 기도

Lord Jesus Christ, who by Your presence and power brought joy to the wedding at Cana: bless those engaged to be married, that there may be truth at the beginning of their lives together, unselfishness all the way, and perseverance to the end. May their hopes be realized and their love for each other deepen and grow, that through them Your name may be glorified.

주의 임재하심과 능력으로 가나의 혼인 잔치에 기쁨을 가져다 주신 주 예수 그리스도여, 결혼을 약속한 자들을 축복하시어 그들이 함께 삶을 시작하는 데 있어 진실함이 있게 하시고 언제나 이기심을 버리고 끝까지 인내하게 하옵소서. 저들의 소망이 실현되고 서로에 대한 사랑이 깊어지고 자라게 하옵소서. 그래서 그들을 통해 주의 이름이 영광 되게 하옵소서.

Heavenly Father, bless Your servants who are to be joined together in Christian marriage. Prepare them by Your grace for the life they are to share together, and may they abide in Your love and peace all their days; for the sake of Jesus Christ our Lord.

하늘에 계신 아버지, 크리스천간의 결혼으로 합쳐지게 될 당신의 종들을 축복하옵소서. 저들이 함께 나누게 될 삶을 위해 당신의 은혜로 준비시켜 주옵시고, 일평생 당신의 사랑과 평안 안에 거하게 하옵소서. 우리 주 예수 그리스도의 이름으로 기도드립니다.

God our Father, who made men and women to live together in families: we pray that marriage may be held in honor; that husbands and wives may live faithfully together, according to their vows; and that the members of every family may grow in mutual love and understanding, in courtesy and kindness, so that they may bear one another's burdens and so fulfil the law of Christ; for His name's sake.

남자와 여자가 가족을 이루어 같이 살도록 하신 하나님 우리 아버지, 결혼이 잘 이뤄지게 하옵소서. 남편과 아내가 그들의 서약에 따라 충실히 함께 살아가도록 하시며, 모든 식구들이 서로간의 사랑과 이해, 예의와 친절 안에서 자라게 하옵소서. 그래서 서로의 짐을 들어 주며 그리스도의 말씀을 지키도록 하옵소서. 그리스도의 이름으로 기도드립니다.

We thank You, God our Father, for the joys of Christian marriage: for the physical pleasure of bodily union, the rich experience of mutual companionship and family life, and the spiritual ecstasy of knowing and serving Christ together. Help us to respond to Your goodness by recognizing You as the head of our home, submitting to one another out of reverence for Christ, bringing up our children in faith and godly fear, and offering hospitality to the homeless. We ask this in the name of Jesus our Lord.

하나님 우리 아버지, 크리스천의 결혼으로 기쁨을 주시니 감사합니다. 육체적으로 하나 되는 기쁨, 서로간의 교제와 가정 생활의 풍성한 경험, 그리고 그리스도를 알고 함께 섬기는 영혼의 황홀

함을 주시니 감사합니다. 저희가 주님을 저희 가정의 주인으로 알며, 그리스도를 존경함으로 서로를 섬기고, 저희 자녀들을 믿음과 하나님을 두려워하는 마음으로 키우며, 무숙자들을 후하게 대접하여 주님의 선하심에 응답하도록 도와 주옵소서. 우리 주 예수 그리스도의 이름으로 기도드립니다.

Almighty God, bless _____ and _____. Grant them wisdom and devotion in their common life, that each may be to the other a strength in need, a counsellor in perplexity, a comfort in sorrow, and a companion in joy. And so knit their wills together in Your will and their spirits in Your Spirit, that they may live together in love and peace all the days of their life; through Jesus Christ our Lord.

전능하신 하나님, _____ 와 _____ 를 축복하옵소서. 그들의 일상 생활 가운데 지혜와 헌신을 주셔서 서로 부족한 자에게 힘을 주고, 당황할 때 상담해 주며, 슬플 때 위로하고, 기쁠 때 함께하게 하옵소서. 그리고 그들의 뜻하는 바가 당신의 뜻과, 그들의 영이 당신의 영과 결합되어 그들이 사는 동안 사랑과 평안 가운데 함께 살아가게 하옵소서. 우리 주 예수 그리스도의 이름으로 기도드립니다.

Heavenly Father, as we look back on our married life we want to confess our failings and mistakes, but most of all to praise and glorify You for all the blessings we have received. We thank You for giving us each other to have and to hold together, for better, for worse, for richer, for poorer, in sickness and in health; and now we rededicate ourselves and renew our vows to love, comfort, and honor one another, till death us do part; in the name of Jesus Christ our Lord.

하늘에 계신 아버지, 지난 결혼 생활을 돌아보며 저희의 실패와 실수를 고백하기 원합니다. 그러나 무엇보다도 저희에게 온갖 축복 주시니 주님께 찬양과 영광을 돌립니다. 좋을 때나 나쁠 때나 부자일 때나 가난할 때나 아플 때나 건강할 때나 함께 나누고 의지하게 하시니 감사합니다. 이제 저희는 다시 저희 자신을 헌신하며, 죽음이 저희를 갈라놓을 때까지 서로 사랑하고 위로하고 존경할 것을 새로이 서약합니다. 우리 주 예수 그리스도의 이름으로 기도드립니다.

Almighty God, Lord of all life and giver of all joy, grant that _____ and _____ may commit themselves to Your keeping, and may live together in mutual love and faithfulness throughout their married life; through Jesus Christ our Lord.

삶의 주인이시며 기쁨을 주시는 전능하신 하나님, _____ 와 _____ 가 당신의 보호 아래 그들을 맡기고 결혼 생활 동안 서로 사랑하고 충실하면서 살도록 하옵소서. 우리 주 예수 그리스도의 이름으로 기도드립니다.

Father, we remember those who stand outside the warm companionship of marriage and family: those who have chosen a lonely road, not by chance but from dedication. We honor them, and ask a blessing on their life and witness for by their devotion and self-giving they enrich the church and the world, and in their love we see a reflection of Your love for us all, in Jesus Christ our Lord.

아버지, 저희는 결혼과 가족이라는 따뜻한 교제 밖에 서 있는 자들을 기억합니다. 그들은 우연이 아니라 헌신으로 외로운 길을 선택한 자들입니다. 그들에게 경의를 표하며 또 그들의 삶과 증거 위에 축복해 주시기를 기도합니다. 그래서 그들이 헌신하고 자신을 드림으로 교회와 세상이 충만해지고, 그들의 사랑 안에서 저희 모두를 위한 주님의 사랑을 보도록 하옵소서. 우리 주 예수 그리스도의 이름으로 기도드립니다.

Almighty God, our heavenly Father, who gave marriage to be a source of blessing to mankind, we thank You for the joys of family life. Pour upon us Your Holy Spirit, that we may truly love and serve You. Bless all who are married and every parent and child. May we know Your presence and peace in our homes; fill them with Your love and use them for Your glory.

하늘에 계신 우리 아버지, 인간에게 결혼을 복의 근원으로 주신 전능하신 하나님, 가정 생활의 기쁨을 주셔서 감사합니다. 거룩한 성령을 저희에게 부으셔서 당신을 진심으로 사랑하고 섬기도록 하옵소서. 결혼한 모든 자들과 부모와 자녀들을 축복하옵소서. 저희가 가정 안에서 당신의 임재하심과 평화를 알게 하시며, 저희 가정을 당신의 사랑으로 채워 주시고, 당신의 영광을 위해 사용하옵소서.

57

Heavenly Father, we thank You for our homes and

families. Make us aware of Your loving care of us day by day. Make us thankful for all the blessings we receive which we take for granted. And make us mindful of those who are lonely and less fortunate than ourselves; for the sake of Christ our Lord.

하늘에 계신 아버지, 저희 가정과 가족을 주셔서 감사합니다. 저희를 매일같이 사랑으로 돌보심을 깨닫게 하옵소서. 저희에게 주셔서 저희가 받은 모든 축복에 감사하도록 하옵소서. 그리고 저희보다 외롭고 불행한 자들을 잊지 않도록 하옵소서. 우리 주 그리스도의 이름으로 기도드립니다.

Heavenly Father, creator and giver of life, there is much joy in our hearts at the news of a baby's birth, a most special and complete gift of Your love, a new being and a wonder of creation. Be with the mother and father of this little baby in their happiness, and accept their praise and ours. We pray through Jesus Christ our Lord.

창조자이시며 삶을 부여해 주신 하늘에 계신 아버지, 주님의 가장 특별하고 완전한 사랑의 선물, 새 생명이며 놀라운 창조물인 아기의 탄생 소식으로 저희가 큰 기쁨 가운데 있습니다. 기쁨 가운데 있는 이 작은 아기의 부모와 함께하시며, 그들의 찬양과 저희 찬양을 받으시옵소서. 우리 주 예수 그리스도의 이름으로 기도드립니다.

God our Father, be near to our children growing up in the peril and confusion of these times. Guard them from the forces of evil in our society, and lead them in the paths of goodness and truth; and enable us as parents to give them at all times the security of our love, to be a good example, and to pray for them; through Jesus Christ our Lord.

하나님 우리 아버지, 요즘과 같은 위험과 혼동 속에서 자라고 있는 저희 아이들과 가까이 계셔 주시옵소서. 아이들을 저희 사회 악의 힘으로부터 보호하시고 선하고 진실한 길로 인도하여 주시옵소서. 저희가 부모로서 그들에게 항상 안정된 사랑을 주고 좋은 본보기가 되며 그들을 위해 기도하게 하옵소서. 우리 주 예수 그리스도의 이름으로 기도드립니다.

Heavenly Father, we pray for our children in their life at home and at school. Watch over them and protect them from evil; guide them into the ways of Your will; and prepare them for the work to which You are calling them in the life of the world; for the sake of Jesus Christ our Lord.

하늘에 계신 아버지, 저희 자녀들의 집과 학교 생활을 위해 기도드립니다. 그들을 지켜봐 주시고 악으로부터 보호해 주옵소서. 그들을 주님의 뜻대로 인도하시고 주님이 이 세상에 부르신 목적에 따라 일하도록 준비시켜 주옵소서. 우리 주 예수 그리스도의 이름으로 기도드립니다.

God our Father, we ask Your blessing on all children dear to us and those for whom we have responsibility. Grant that they may grow up healthy and strong, wise and good, in the knowledge of Your love and in the service of

Your Son, Jesus Christ our Lord.

하나님 우리 아버지, 저희가 사랑하고 책임을 지고 있는 모든 아이들을 축복하옵소서. 그들이 주님의 사랑을 알고 우리 주 예수 그리스도를 섬기는 가운데 건강하고 강하며 총명하고 선하게 성장하도록 하옵소서.

God our Father, we commend to Your compassion children in need: those whose bodies are handicapped by injury or illness; those whose minds are retarded; and those whose lives are warped by broken marriage and unhappy home. Enable all who care for them to minister with tenderness and understanding; and give them the assurance of Your unfailing love; through Christ our Lord.

하나님 우리 아버지, 곤궁에 처한 아이들을 당신의 자비하심에 맡깁니다. 상해나 병으로 몸이 불구가 된 아이들, 정신 박약아들, 그리고 부모의 이혼이나 불행한 가정으로 인해 생활이 비뚤어진 아이들을 맡깁니다. 그 아이들을 돌보고 있는 모든 자들이 부드러움과 이해심으로 일하고 아이들에게 주님의 틀림없는 사랑을 확신시켜 주도록 하옵소서. 우리 주 그리스도의 이름으로 기도드립니다.

Pastoral Prayer
목회 기도

Lord, we offer ourselves to You. Increase our faith in Your love, Your goodness and Your purpose. Enable us to see You working in ourselves and in others. Rescue us from cynicism so that we may grow and flourish.

주님, 당신께 저희 자신을 드립니다. 당신의 사랑과 선하심과 목적 안에서 저희 믿음이 커 가게 하옵소서. 저희와 다른 사람들 안에서 일하시는 당신을 볼 수 있게 하옵소서. 저희를 냉소주의로부터 구해 주셔서 성장하고 번창하게 하옵소서.

Help us, Lord, to make sense of the gospel, and to relate it to the needs of others, so that they may be drawn to Your love and worship and serve You in the church.

주님, 저희가 복음의 의미를 이해하고 다른 이들의 필요에 이를 결부시킬 수 있게 도와 주옵소서. 그래서 그들이 당신의 사랑에 끌려 교회에서 당신께 예배드리고 섬기게 하옵소서.

God bless our land; God guide our rulers; God resolve our differences; God revive our churches; God forgive our selfishness; God protect our homes; God strengthen our faith.

하나님이여 저희 땅에 복을 주소서. 저희 지도자들을 인도하소서. 저희의 다른 점을 용해시켜 주옵소서. 저희 교회를 회복시켜

주옵소서. 저희의 이기심을 용서하옵소서. 저희 가정을 보호하옵
소서. 저희의 믿음을 강하게 하옵소서.

O Lord our God, we bring before You those who
represent us in government. May they be channels of
responsibility, integrity, wisdom and care so that through
them Your will may be done on earth as it is in heaven.

오 주 우리 하나님, 정부에서 저희를 대표하는 자들을 주님 앞에
데려옵니다. 그들이 책임감과 청렴과 지혜와 배려의 통로가 되게
하셔서 주님의 뜻이 하늘에서 이루어진 것처럼 그들을 통해 땅에
서도 이루어지도록 하옵소서.

Give us the grace, Lord, to tell our children the truth and
nothing but the truth. To issue no idle treats or promises.
To keep our word. To apologize when we have been
wrong. To be disciplined over time. To be courteous in all
our dealings. To answer children's questions as honestly
and as simply as we can. To let them help in all the ways
that we can devise. To expect from them no higher
standard of honesty, unselfishness, politeness than we
are prepared to live up to ourselves.

주님, 저희에게 은혜를 베푸소서. 저희 자녀들에게 오직 진실만
을 말하게 하옵소서. 부질없는 대우나 약속을 하지 않도록 하옵
소서. 저희가 한 말을 지키게 하옵소서. 잘못했을 때는 사과하게
하옵소서. 시간에 대해 훈련이 되게 하옵소서. 저희가 거래하는
모든 것에 조심하게 하옵소서. 자녀들의 질문에 정직하고 할 수
있는 한 간단하게 답해 주도록 하옵소서. 저희가 궁리해 볼 수

있는 모든 방법으로 자녀들을 돕게 하옵소서. 저희 생활에 맞게 살도록 준비된 것보다 자녀들에게 더 높은 기준의 정직함과 비이기적인 마음, 고상함을 기대하지 않게 하옵소서.

Lord, everything we have, all that we are, comes from You. Our gifts, our talents, and all our possibilities belong to us only because they come direct from You. Help us not to belittle these gifts of Yours, not to bury them, but rather use them to make You better known to the people of our neighborhood and to the people of the world.

주님, 저희가 가진 모든 것, 저희의 모든 것은 당신으로부터 옵니다. 저희의 은사, 재주, 그리고 모든 가능성이 오직 당신으로부터 직접 오기에 저희에게 있는 것입니다. 이러한 당신의 선물을 깔보거나 땅에 묻어 두지 말고, 저희 이웃 사람들과 세상 사람들이 당신을 더 잘 알게 하는 데 사용하게 도와 주시옵소서.

Heavenly Father, Give of life and health: comfort and restore those who are sick, that they may be strengthened in their weakness and have confidence in Your unfailing love; through Jesus Christ our Lord.

하늘에 계신 아버지, 생명과 건강을 주시옵소서. 병든 자들을 위로하시고 회복시켜 주셔서 그들이 약한 가운데에서도 힘을 얻고 주님의 끝없는 사랑을 확신하도록 하옵소서. 우리 주 예수 그리스도의 이름으로 기도드립니다.

Father, help us to worship You in spirit and in truth; that

our consciences may be quickened by Your holiness, our minds nourished by Your truth, our imaginations purified by Your beauty, our hearts opened to Your love, our wills surrendered to Your purpose; and may all this be gathered up in adoration as we ascribe glory, praise and honor to You alone, through Jesus Christ our Lord.

아버지, 주님께 신령과 진정으로 예배를 드리도록 도와 주옵소서. 그래서 저희 양심이 주님의 거룩함에 의해 소생되고, 저희 생각이 주님의 진리에 의해 자라며, 저희의 상상력이 주님의 아름다움에 의해 정결하게 되며, 저희의 마음 문이 주님의 사랑 앞에 열리고, 저희의 뜻이 주님의 목적에 굴복되게 하옵소서. 그리고 오직 주님께만 영광과 찬송과 존경을 돌릴 때 이 모든 것들이 주님을 경배하는 데 모아지게 하옵소서. 우리 주 예수 그리스도의 이름으로 기도드립니다.

Heavenly Father, we come together as members of Your family to offer You our praise and thanksgiving, to hear and receive Your holy Word, to bring before You the needs of the world, to seek Your mercy and forgiveness, and to offer our lives to Your service. Graciously accept us in Your Son Jesus Christ and pour upon us Your abundant blessing, to the glory of Your great name.

하늘에 계신 아버지, 주님의 한 가족으로서 주님께 찬양과 감사를 드리려고 함께 나아갑니다. 주님의 거룩한 말씀을 듣고 받기 위해 나아갑니다. 세상의 필요한 것들을 주님 앞에 아룁니다. 주님의 자비와 용서를 구하오며, 저희 삶을 주님을 섬기는 데 바치려 합니다. 당신의 아들 예수 그리스도 안에서 저희를 자비롭게

받아 주시고 당신의 충만한 복을 저희에게 부어 주옵소서. 영광
을 돌려 드립니다. 주님의 위대한 이름으로 기도합니다.

Give us grace, O God, in this act of worship to serve You
with gladness, to sing to You a new song, to give much
and to receive much and draw us into closer fellowship
with You and with one another, through Your Son our
Saviour Jesus Christ.

오 하나님, 이 예배에 은혜를 베푸소서. 기쁨으로 당신을 섬기
고, 새로운 노래로 당신을 찬양하며, 많이 주고 많이 받도록 은
혜를 베푸소서. 그리고 저희가 주님이나 다른 사람들과 더 가까
이 교제하도록 이끌어 주옵소서. 당신의 아들 구세주 예수 그리
스도의 이름으로 기도드립니다.

We thank You, Lord Christ, for the promise of Your
presence to the two or three who gather in Your name.
Help us to remember that You are with us now as we
meet to pray. Make us of one heart and mind, that we
may agree in what we ask; and as we offer our petitions
in Your name, may we pray in accordance with Your
will, and glorify our Father in heaven.

주 그리스도시여, 주님의 이름으로 두세 사람이 모일지라도 그
중에 함께하시겠다고 약속해 주심을 감사합니다. 저희가 기도할
때에 지금 저희와 함께하심을 기억하게 하옵소서. 저희에게 한
마음과 생각을 주셔서 저희가 구하는 것과 일치하게 하옵소서.
그리고 예수님의 이름으로 간구할 때는 주님의 뜻에 따라 구하게
하옵소서. 하늘에 계신 아버지께 영광이 ….

O Lord our God, accept the prayers of Your people; and in the multitude of Your mercies look with compassion upon us and all who turn to You for help; for You are gracious, and to You we give glory, Father, Son, and Holy Spirit, now and forever.

오 주 우리 하나님, 저희 백성들의 기도를 받아 주옵소서. 끝없는 당신의 자비하심으로 당신께 도움을 청하는 저희들과 모든 사람들을 불쌍히 여기소서. 자비로우신 하나님, 성부, 성자, 성령님께 영광이 영원하시길 ….

Father, as we go forth from this service in church, strengthen us for service in the world; that the words we have heard and said and sung may work in our daily life and work, in Your holy name.

아버지, 교회에서 예배를 드리는 것처럼 세상에서도 예배가 되도록 힘을 주옵소서. 저희가 듣고 말하고 찬양한 말씀들이 매일 매일의 저희 삶과 일터에서 역사하게 하옵소서. 주님의 거룩하신 이름으로 기도드립니다.

Heavenly Father, we come to You in the multitude of Your mercies to offer You our thanks for all the gifts You have so richly bestowed upon us.

하늘에 계신 아버지, 주님의 끝없는 자비하심으로 저희에게 풍성히 주신 모든 선물들에 감사하려고 주님께 옵니다.

O God, You sent Your Son into the world to be the

Saviour of all who believe, and promised that he will come again to be our judge: increase in us the attitude of watchfulness and prayer, so that we may always be ready to meet Him, with our lamps trimmed and burning and our lives may be active in His service, in Jesus name.

오 하나님, 주님은 당신의 아들을 그를 믿는 모든 자들의 구세주로 이 세상에 보내셨습니다. 그리고 심판주로 그가 다시 오실 것을 약속하셨습니다. 저희가 더욱더 열심히 경계하며 기도함으로 항상 손질되어 있고 잘 타오르는 등을 가지고 주님 만날 준비를 잘하게 하시며, 저희 삶이 주님 일에 더욱 적극적이도록 하옵소서. 예수님의 이름으로 기도드립니다.

Give us grace, O Lord, to live each day as if it were the day of Your coming. May we be urgent to prepare Your way by fighting all evil, by preaching the gospel, by feeding the hungry, by releasing the oppressed, and by healing the sick. So may we hasten the triumph of Your kingdom, and bring glory to Your name.

오 주님, 오늘이 예수님이 오시는 날인 것처럼 매일을 살도록 은혜를 주시옵소서. 저희가 모든 마귀와 싸우며, 복음을 전하고, 굶주린 자들을 먹이며, 억압당하는 자들을 풀어 주고, 아픈 자들을 고치면서, 절박하게 당신의 길을 준비하게 하옵소서. 그래서 주님 왕국의 승리를 앞당겨 당신께 영광을 돌리게 하옵소서.

Lord Jesus, we thank You that You have fulfiled Your promise and given us Your Spirit to abide with us for ever: grant us to know Your presence in all its divine fullness; May the fruit of the Spirit be growing continually in our lives; may the gifts of the Spirit be distributed among us as he wills to equip us for Your service; and may the power of the Spirit be so working in us that the world around may increasingly come to believe in You. We ask it, Lord, in Your victorious name.

주 예수님, 약속을 지키시고 저희에게 성령을 주셔서 저희와 영원히 함께 거하게 하심을 감사드립니다. 저희가 하나님의 충만한 임재를 알도록 하옵소서. 성령의 열매가 저희 삶 가운데 계속 자라도록 하옵소서. 당신의 일을 위해 예비하신 대로 성령의 은사를 저희에게 나눠 주시옵소서. 성령의 능력이 저희 안에 역사하셔서 세상이 점점 더 당신을 믿도록 하옵소서. 주님, 승리하신 당신의 이름으로 기도드립니다.

Holy Spirit of God, on the day of Pentecost You came once for all to the church as the gift of the exalted Lord. Come to us in Your grace and power today, to make Jesus real to us, to teach us more about Him, and to deepen our faith in Him; that we may be changed into His likeness and be His witnesses in the world, to the glory of God the Father.

성령 하나님, 오순절날 성령님은 고귀한 주님의 선물로 모두를 위해 교회에 오셨습니다. 오늘날에도 당신의 은혜와 능력으로 저희에게 오셔서 저희로 예수님을 체험하게 하시고, 그에 대해 더 많이 가르쳐 주시며, 그에 대한 믿음이 깊어지게 하옵소서. 그래서 저희가 그의 형상대로 변화되며 세상 가운데 그의 증인이 되게 하옵소서. 하나님 아버지께 영광이 ….

O God, the Holy Spirit in all our life and worship, help us that we may expect great things from You and attempt great things for You, and show to the world Your Son our Saviour Jesus Christ.

오 하나님, 저희 삶과 예배 가운데 계신 성령님, 저희가 당신으로부터 오는 위대한 것들을 기대하며 당신을 위해 위대한 것들을 시도하도록 도와 주시고 당신의 아들 우리의 구원자 예수 그리스도를 세상에 알리도록 하옵소서.

Almighty God, who on the day of Pentecost opened the way for the preaching of the gospel to people of every race and nation and tongue by the promised gift of the Holy Spirit: renew Your church in the power of the same Spirit, that its witness may reach to the ends of the earth, and all flesh may see Your salvation revealed in Jesus Christ our Lord.

오순절날 성령님의 약속된 선물로 모든 종족과 백성들, 그리고 서로 다른 언어를 하는 모든 자에게 복음을 전파하는 길을 열어 주신 전능하신 하나님, 같은 성령의 능력으로 당신의 교회를 새롭게 하옵소서. 그래서 그 증인이 지구 끝까지 미치도록 하시고 모든 사람들이 우리 주 예수 그리스도 안에 계시된 당신의 구원을 보게 하옵소서.

O Lord our heavenly Father, renew in us the gifts of the Holy Spirit. Increase our faith, strengthen our hope,

71

enlarge our charity; and make us ever ready to serve You, both in body and soul, through Christ our Lord.

하늘에 계신 하나님 아버지, 저희 안에 성령의 은사를 새롭게 하옵소서. 저희 믿음을 더하시고 저희 소망을 굳게 하시며 저희 사랑을 크게 하옵소서. 그리고 당신을 몸과 마음으로 섬기도록 항상 저희를 준비시켜 주옵소서. 우리 주 그리스도의 이름으로 기도합니다.

O God, may the fire of Your Holy Spirit consume in us all that displeases You, and kindle in our hearts in burning zeal for the service of Your kingdom; through Jesus Christ our Lord.

오 하나님, 성령의 불길로 저희 안에서 당신을 노하게 하던 모든 것을 태워 주시고, 주님의 나라를 섬기고자 하는 불타는 열심이 저희 마음에 타오르게 하옵소서. 우리 주 예수 그리스도의 이름으로 기도드립니다.

Almighty and gracious Father, we give You thanks for the fruits of the earth in their season and for the labors of those who harvest them. Make us, we pray, faithful stewards of Your great bounty, for the provision of our necessities and the relief of all who are in want, to the glory of Your name; through Jesus Christ our Lord.

전능하시며 자비로우신 아버지, 계절마다 맺히는 땅의 열매와 그것을 추수하는 일꾼을 주심에 감사드립니다. 저희에게 필요한 식량과 부족한 자들을 위한 구제가 되도록 당신의 이 위대한 하사품을 잘 관리하는 충성된 청지기로 삼아 주옵소서. 주님께 영광을 돌려 드립니다. 우리 주 예수 그리스도의 이름으로 기도드립니다.

Almighty God, who in the beginning set man on the earth to cultivate the soil and to have dominion over created things: we give thanks today for all who work on the land and for those who market their produce and manufacture our food. So direct and prosper their work that the fruits of the earth may be wisely cultivated, safely harvested, and generously shared; for the sake of Jesus Christ our Lord.

태초에 땅을 경작하고 창조물을 다스리도록 이 땅에 사람을 만드신 전능하신 하나님, 오늘 땅에서 일하는 모든 자들과 그들의 생산물을 파는 자들, 그리고 음식을 만드는 자들을 위해 감사를 드립니다. 그들의 일을 감독하시고 번영시키셔서 땅의 열매가 지혜롭게 경작되고 잘 추수되어 적절하게 나눠지도록 하옵소서. 우리 주 예수 그리스도의 이름으로 기도드립니다.

Lord God, we live in a world where things have gone badly wrong because we have forgotten You and left You out of our reckonings. We have worshipped other gods and have not hallowed Your name. We have adopted the world's standards and have not served Your kingdom. We have gone our own way and have not chosen Your will. Have mercy upon us, O Lord our God. Forgive our sin and folly and turn us back to yourself, that we may worship You, the Holy One, submit to Your kingly rule

73

of love justice, and order our lives according to Your laws. For Yours is the kingdom, the power, and the glory, for ever and ever.

주 하나님, 당신을 잊고 당신을 고려치 않았기 때문에 저희는 아주 잘못된 세상에서 살고 있습니다. 저희는 다른 신을 섬기고 당신의 이름을 거룩히 여기지 않고 있습니다. 저희는 세상의 표준을 받아들이고 당신의 왕국을 섬기지 않고 있습니다. 저희는 저희 자신의 길로 가며 당신의 뜻을 따르지 않고 있습니다. 오 주 하나님, 저희에게 자비를 베풀어 주옵소서. 저희 죄와 어리석음을 용서하시고 당신에게 돌아가도록 하옵소서. 그래서 저희가 거룩하신 당신께 예배드리며, 사랑과 정의의 왕법에 순종하며, 당신의 법에 따라 살아가도록 하옵소서. 왕국과 능력과 영광이 영원토록 당신에게 있습니다.

O God, loving Father of all Your children, let the whole earth acknowledge Your great glory and worship You in Your holiness; let the nations submit to Your righteous rule and be united in a community of justice and peace; let all men fulfil the purpose of Your love and live in obedience to Your Word. So shall Your name be hallowed, Your kingdom come and Your will be done, an earth as in heaven, through Jesus Christ our Lord.

오 하나님, 모든 자녀의 사랑하는 아버지, 온 지구가 당신의 위대한 영광을 깨닫고 당신의 거룩함 안에서 당신께 예배하게 하옵소서. 민족들이 당신의 의로운 법에 순종하고 정의와 평화의 공동체 안에서 하나 되게 하옵소서. 모든 사람들이 당신의 사랑을 행하고 말씀에 순종하며 살게 하옵소서. 그래서 당신의 이름이 거룩히 여김을 받고 당신의 왕국이 임하며 당신의 뜻이 하늘에서 이루어진 것처럼 땅에서도 이루어지게 하옵소서. 우리 주 예수 그리스도의 이름으로 기도드립니다.

Lord God, hear us as we pray for those who bear the responsibility of leadership among the nations of the world. Give them wisdom to know Your will, regard for Your laws, and respect for human rights; that they may seek to lead mankind in the paths of truth, freedom and peace, for the glory of Your name.

주 하나님, 저희가 세상 나라 가운데 지도자로 책임을 감당하고 있는 자들을 위해 기도할 때 저희의 기도를 들어 주옵소서. 그들에게 당신의 뜻을 아는 지혜를 주시고, 당신의 법을 따르며, 인간의 권리를 존중하게 하옵소서. 그래서 그들이 진리와 자유와 평화의 길로 인류를 인도하고자 노력하게 하옵소서. 주의 존귀한 이름으로 기도드립니다.

God of all mercy, we pray for the nations of the world in the unrest and violence of these times. Give wisdom of mind and strength of character to those who are called to positions of leadership; overthrow the purposes and designs of evil men; and establish the cause of righteousness in every land, that all mankind may be led into the way of peace; for the sake of Jesus Christ our Lord.

자비로우신 하나님, 오늘날 불안과 폭력 가운데 있는 세상 나라들을 위해 기도합니다. 지도자의 위치에 있게 된 자들에게 지혜

75

로운 생각과 강한 품성을 주옵소서. 악마의 목적과 의도를 뒤엎게 하시고 모든 곳에 의를 일으키옵소서. 그래서 모든 인간이 평화의 길로 인도되게 하옵소서. 우리 주 예수 그리스도의 이름으로 기도드립니다.

Almighty God, we pray for the leaders of our country, and especially those on whom rests great responsibility at the present time. Give them wisdom to make right decisions, courage to fulfil them, and perseverance to continue their efforts to establish peace and promote the welfare of humanity, to the glory of Your name.

전능하신 하나님, 저희 나라의 지도자들, 특히 현재 큰 책임을 맡고 있는 자들을 위해 기도드립니다. 그들에게 올바른 결정을 내리도록 지혜를 주시고, 그 결정들을 이행할 수 있는 용기를 주시며, 평화를 이루고 인간 복지 사업을 촉진하기 위한 그들의 노력을 계속하도록 인내를 주옵소서. 당신의 존귀한 이름으로 기도드립니다.

Give peace in our time, O Lord: peace and reconciliation among the nation; peace and unity within the churches; peace and harmony in our communities and our homes; peace and love in all our hearts; for the sake of Jesus Christ our Saviour.

오 주님, 저희 때에 평화를 주옵소서. 나라들 사이에 평화와 화해를 주옵소서. 교회 안에 평화와 일치를 주옵소서. 저희 사회와 가정에 평화와 조화를 주옵소서. 저희 모두의 마음에 평화와 사랑을 주시옵소서. 우리 구주 예수 그리스도의 이름으로 기도드립니다.

Heavenly Father, be with us in our search for peace. Diminish pride and increase humility; Weaken suspicion and nourish trust. Deepen true love and understanding in every heart, and unite us all in the bonds of brotherhood as members of one family; through Jesus Christ our Lord.

하늘에 계신 아버지, 평화를 찾는 데 함께하옵소서. 교만을 버리고 더 겸손하게 하옵소서. 의심을 없애고 신뢰를 두텁게 하옵소서. 진실한 사랑이 깊어지고 모든 사람의 마음에 이해가 깊어지게 하옵시며, 저희가 한 가족처럼 형제 안에서 하나 되게 하옵소서. 우리 주 예수 그리스도의 이름으로 기도드립니다.

Heavenly Father, who made us in Your image and redeemed us through Jesus Your son: look with compassion on the whole human family. Take from us the arrogance and hatred which infect our hearts; break down the walls that separate us; and unite us in bonds of trust and understanding, that we may work together to accomplish Your purposes on earth, for the glory of Your name.

저희를 하나님의 형상으로 만드시고 당신의 아들 예수님을 통해 저희를 구원하신 하늘에 계신 아버지, 온 인류를 불쌍히 여기시옵소서. 저희 마음을 오염시키는 오만함과 미움을 제거하옵소서. 저희를 분열시키는 벽을 허물어뜨려 주옵소서. 신뢰와 이해의 줄로 저희를 하나 되게 하옵소서. 그래서 주님의 지상에서의 목적이 이루어지도록 함께 일하게 하옵소서. 예수님의 존귀하신 이름으로 기도드립니다.

Holy Father, we confess how often we have lived in selfishness, and done little or nothing to help others in their need. We confess our indifference to the sorrows and sufferings of the world. Touch our hearts with deeper sympathy and compassion; and give us an active concern to right the wrongs, to heal the wounds and to restore the broken relationships of men; for the sake of Christ our Lord.

거룩하신 아버지, 저희가 얼마나 자주 이기심에 젖어 살며 도움이 필요한 자들을 조금밖에 또는 전혀 도와 주지 않는지를 고백합니다. 세상에서 슬픔에 빠져 있거나 고통 가운데 있는 자들에 대한 저희의 무관심을 고백합니다. 저희 마음이 더 깊은 동정과 연민으로 충전되게 하옵소서. 그리고 저희가 잘못된 것을 바르게 하고, 상처를 고치며, 깨어진 인간 관계를 다시 회복하는 데 적극적인 관심을 갖도록 하옵소서. 우리 주 그리스도의 이름으로 기도드립니다.

Lord God Almighty, You have made all the people of the earth for Your glory, to serve You in freedom and peace: give to the people of our country a zeal for justice and the strength of forbearance, that we may use our liberty in the service of Your kingdom and for the furtherance of Your gracious will; through Jesus Christ our Lord.

전능하신 주 하나님, 주님은 주님의 영광을 위해, 자유와 평화

안에서 주님을 섬기도록 온 인류를 만드셨습니다. 저희 나라 백
성들에게 정의에 대한 열정과 관용의 힘을 주셔서 주님의 왕국을
섬기며 주님의 인자하신 뜻을 펴는 데 저희의 자유를 사용하게
하옵소서. 우리 주 예수 그리스도의 이름으로 기도드립니다.

O God, we pray that holy and life-giving Spirit may so
move the hearts of the people of this lands, the barriers
which divide us may crumble, suspicions disappear, and
hatreds cease; and grant that our divisions being healed,
we may live in justice and peace; through Jesus Christ
our Lord.

오 하나님, 거룩하며 생명을 주시는 성령께서 이 땅 사람들의 마
음을 움직여 주시어 저희를 나누는 장벽들을 무너뜨리며 의심이
사라지고 미움이 그치게 하옵소서. 그리고 저희의 분열이 치유되
게 하옵소서. 저희가 정의와 평화 가운데 살게 하옵소서. 우리
주 예수 그리스도의 이름으로 기도드립니다.

Lord, You have warned us that a kingdom divided
against itself cannot stand: hear us as we pray for the
healing of divisions in the life of our nation. Help us to
recognize that the things we have in common are of
greater worth than those on which we differ. Deepen our
understanding of one another's needs and our respect for
one another's opinions; and unite us in the common
cause of justice, truth and freedom, for the honor and
glory of Your name.

주님, 주님은 스스로 분열된 왕국은 일어설 수 없다고 경고하셨

습니다. 저희 민족의 삶 가운데 있는 분열의 치유를 위해 기도하오니 들어주시옵소서. 저희의 공통된 점들이 틀린 점보다 더 큰 가치를 갖고 있음을 깨닫도록 저희를 도와 주옵소서. 상대의 부족한 것들을 이해하는 마음과 상대의 의견을 존중하는 마음이 깊어지도록 하옵소서. 그리고 정의와 진리와 자유를 바탕으로 저희가 하나 되게 하옵소서. 주님의 존귀하고 영광스러운 이름으로 기도드립니다.

Eternal God, whose son Jesus Christ bore our griefs and carried our sorrows, and still comes to us in the guise of the needy: hear us as we pray for those in distress: the hungry and the homeless; the incapacitated and the handicapped; the mentally afflicted and depressed; the sick and the dying; the aged, the lonely, and the bereaved. Help us, O Lord, who offer these prayer, and so by Your grace to become the agents of Your transforming love; through Jesus Christ our Lord.

영원하신 하나님, 당신의 아들 예수 그리스도께서는 저희의 비탄을 감당하셨고 저희의 슬픔을 지니셨으며 부족한 자의 모습으로 아직도 저희에게 오십니다. 근심에 빠져 있는 자, 배고픈 자, 집이 없는 자, 무능력한 자, 장애자, 정신적으로 고통받는 자, 의기소침해 있는 자, 병 든 자, 죽어 가는 자, 나이 든 자, 외로운 자, 사별한 자들을 위해 기도하오니 들어주옵소서. 오 주님, 기도하는 저희를 도와 주셔서 당신의 은총으로 (사람을) 변화시키는 주의 사랑의 대리인이 되게 하옵소서. 우리 주 예수 그리스도의 이름으로 기도드립니다.

Father of all mercies, we pray for those in need, and especially for those known to us: for the sick in body or mind, that through Your healing power they may be made whole; for the disabled and handicapped, that they may have faith and courage to overcome their disabilities; for the elderly and infirm, that they may renew their strength as they rest on Your love; and for the dying, that they may know Your peace. This we ask through Jesus Christ our Lord.

자비의 아버지, 부족한 자들을 위해 기도드립니다. 특별히 저희 모두가 잘 알고 있는 자들을 위해 기도드립니다. 몸과 마음이 아픈 자들이 주님의 치유의 능력으로 온전케 되도록 하옵소서. 불구가 되고 장애가 있는 자들이 그들의 무능을 극복하도록 믿음과 용기를 갖게 하옵소서. 나이 들고 허약한 자들이 당신의 사랑에 의지하며 새 힘을 얻도록 하옵소서. 그리고 죽어 가는 자들은 당신의 사랑을 알게 하옵소서. 우리 주 예수 그리스도의 이름으로 기도드립니다.

Father, we bring You the needs of those whose lives are shadowed by suffering, praying especially for those whose sickness has no cure, whose sadness finals no comfort, and whose loneliness can never be filled. Bind up their wounds, O Lord, and lift their hearts to You as now in silence we remember them in Jesus' name.

아버지, 고통으로 얼룩진 삶을 가진 자들의 필요를 당신께 아룁니다. 특별히 고칠 수 없는 병을 가진 자, 위안이 없는 슬픔 가운데 있는 자, 전혀 채워지지 않는 외로움에 빠진 자들을 위해 기도드립니다. 그들의 상처를 싸매어 주옵소서. 오 주님, 지금 조용히 그들의 마음이 당신께 향하게 하옵소서. 그들을 기억하며 예수님의 이름으로 기도드립니다.

Loving Father, who sent Your Son to set men free: we pray for those who are bound by the chains of addiction to drugs, to drink, to gambling, or any other evil. Strengthen them by Your Holy Spirit, that their bonds being broken, they may be restored to fullness of life in Christ.

인간을 자유케 하기 위해 아들을 보내신 사랑하는 아버지, 마약, 알코올, 도박 또는 다른 악한 것들의 중독 사슬에 매인 자들을 위해 기도합니다. 당신의 거룩하신 성령으로 그들에게 힘 주셔서 그들의 사슬을 끊어 주시고, 그들이 그리스도 안에서 풍성한 삶을 되찾게 하옵소서.

We rejoice, heavenly Father, in the promise that in Your Son Jesus Christ there is perfect freedom. In His name we pray for those who are subject to the slavery of sin, by gambling and betting, by excessive drinking, by addiction to drugs, and by the misuse of their sexual instincts. Enable them by the power of Your Spirit to overcome these evil compulsions, and in Your mercy grant them the liberty You offer them in abundance.

하늘에 계신 아버지, 당신의 아들 예수 그리스도 안에 완전한 자유가 있다는 약속에서 기쁨을 누립니다. 예수님의 이름으로 도박과 내기, 과다한 술, 마약 중독, 그리고 성적 본능의 잘못된 사용에 의해 죄의 노예가 되어 버린 사람들을 위해 기도합니다. 그들이 성령의 힘으로 이 악한 욕망을 이겨낼 수 있도록 하옵시며, 당신의 자비하심으로 그들에게 당신이 풍성히 주신 자유를 부어 주옵소서.

Lord Jesus Christ, You are the same yesterday, today and forever, and You have promised to be with us all our days. We pray for all elderly people, especially those who are ill or housebound. In their weakness may they find Your strength, and in their loneliness know the joy of Your presence. Be to them a sure and certain hope of the life You have prepared for them in heaven.

주 예수 그리스도시여, 주님은 어제도 오늘도 그리고 영원히 동일하시며 저희 평생 동안 저희와 함께하시겠다고 약속하셨습니다. 노인들, 특히 병 들거나 집에만 갇혀 있는 노인들을 위해 기도합니다. 그들이 연약한 가운데서도 주님의 능력을 발견하며, 외로운 가운데에서도 주님의 임재로 기뻐하게 하옵소서. 그들이 주님께서 천국에 예비해 놓으신 확실한 생명의 소망을 갖게 하옵소서.

Have compassion, O Lord, on those who are depressed and cast down in spirit. Let Your light shine into their darkness. Rekindle in them the lamp of hope. Give them the assurance of Your unchanging love and unfailing companionship, and grant them courage to face life bravely, in the name and strength of Jesus Christ our Saviour.

오 주님, 영적으로 쇠약하고 낙담된 자들을 불쌍히 여기시옵소
서. 당신의 빛이 그들의 어둠을 비추게 하옵소서. 그들 가운데
소망의 등불을 다시 켜 주옵소서. 그들에게 당신의 변함없는 사
랑과 끊임없는 교제에 대한 확신을 주옵소서. 그리고 삶을 용감
하게 대하도록 용기를 주옵소서. 우리의 구원자 예수 그리스도의
이름과 능력으로 기도드립니다.

God of all comfort, we commend to You those who have
no security of home or work; those who see no purpose
or meaning in life; those who find it difficult to believe in
You; those who suffer from incurable illness. Enable
them to trust You, though Your way is hidden from their
sight, and give them courage, hope and peace in the
knowledge of Your love, for Jesus Christ's sake.

위로의 하나님, 가정이나 직장에 대한 보장이 없는 자들, 인생에
대한 목적이나 의미를 보지 못하는 자들, 주님을 믿는 데 어려움
이 있는 자들, 불치의 병으로 고통받는 사람들을 주님께 맡깁니
다. 비록 주님의 길이 그들에게 숨겨져 있어 보이지 않더라도 그
들이 주님을 신뢰할 수 있도록 하시며, 그들에게 주님의 사랑을
아는 지식 가운데 용기와 소망과 평안을 주옵소서.

Heavenly Father, You know the secrets of life and death.
You know the sorrows of our hearts at this time. Give us
Your comfort and peace, and help us to trust You for the
future that we may face every new circumstance of life
with courage, patience and hope, in the faith of Jesus
Christ our Lord.

하늘에 계신 아버지, 당신은 삶과 죽음의 비밀을 아십니다. 당신은 이 시간 저희 마음의 슬픔을 아십니다. 위로와 평안을 주옵시며 미래에 대해 당신을 신뢰하도록 도와 주옵소서. 그래서 삶의 모든 새로운 상황을 용기와 인내와 소망을 가지고 대면하도록 하옵소서. 우리 주 예수 그리스도를 믿는 믿음 안에서 기도드립니다.

Lord Jesus Christ, whose heart was moved to tears at the grave of Lazarus: look with compassion on Your servants in this time of their sorrow. Strengthen in them the gift of faith, and may the light of hope shine within their hearts; that they may live as one day to be united again in the kingdom of Your love; for Your tender mercies' sake.

나사렛의 무덤에서 마음이 감동하여 눈물을 흘리신 주 예수 그리스도여. 슬픔에 빠진 이 시간에 당신의 종들을 불쌍히 보소서. 믿음의 은사를 그들 안에 강하게 심어 주시고, 소망의 빛이 그들의 마음속에 비취게 하셔서, 언젠가 주님의 사랑의 왕국에서 다시 만나게 되기를 기다리며 살게 하옵소서. 주님의 부드럽고 자비로우신 이름으로 기도드립니다.

Heavenly Father, we lift up our hearts to You in hope and trust as we pray for those who mourn. May they be content to release their loved one to You, assured that he is safe in Your keeping. Help them to believe the death is a gateway to what cannot be a lesser life. Spare us all from the selfishness of living in the past and the luxury of private grief; and teach us to live out our lives with others and for others, till the day when we all meet in the presence of Your glory; through Jesus Christ our Lord.

하늘에 계신 아버지, 저희가 애도하는 자들을 위해 기도할 때 소망과 믿음 안에서 당신에게 저희 마음을 올려 드립니다. 그들이 그들의 사랑하는 자가 당신의 보호 안에서 안전하게 있음을 확신하며 당신에게 기꺼이 맡기게 하옵소서. 죽음은 더 큰 삶으로 가는 문임을 믿게 도와 주옵소서. 과거의 이기적인 삶과 호사스런 혼자만의 슬픔을 용서하여 주옵소서. 그리고 저희 모두가 당신의 영광이 임하여 만나는 날까지 다른 사람들과 함께 그리고 다른 사람들을 위해 저희 삶을 살도록 가르쳐 주시옵소서. 우리 주 예수 그리스도의 이름으로 기도드립니다.

Prayer for Church Life and Ministry
교회 생활과 사역을 위한 기도

Church Life • 교회 생활

Renew Your church, O God, for mission and service, and make it here and everywhere a living fellowship of the Spirit, revealing Your love to the world, reconciling men to You and one another, and serving all who are in need, for the glory of Christ our Lord.

오 하나님, 사명과 예배를 위해 교회를 새롭게 하소서. 그리고 어느 곳에서든 성령의 살아 있는 교제가 있도록 교회를 만드시고, 세상에 당신의 사랑을 드러내며, 사람과 주님과의 사이 그리고 사람과 사람과의 사이에 화해하게 하시고, 부족한 자들을 섬기게 하소서. 우리 주 그리스도의 귀하신 이름으로 기도드립니다.

Grant that Your church, O God, here and in every place, may offer a living worship to You in Your glory, and a living witness to the world in its need; through Jesus Christ our Lord.

오 하나님, 모든 교회가 주님의 영광 안에서 주님께 살아 있는 예배를 드리며 필요로 하는 세상을 향해 살아 있는 증인이 되게 하소서. 우리 주 예수 그리스도의 이름으로 기도드립니다.

Help Your servants, Lord, to be men of God, men of reconciliation, men of truth, men of prayer; and keep them humble in Your service, for Your mercy's sake.

주님, 당신의 사역자들을 도우소서. 그들이 하나님의 사람이 되게 하시고, 화해의 사람, 진리의 사람, 기도의 사람이 되게 하소서. 또한 당신의 돌보심 안에서 그들을 겸손하게 하옵소서. 주님의 자비하신 이름으로 기도드립니다.

Pour out Your Holy Spirit, O Lord, on all whom You have called to serve Your church as pastors and teachers. Give them wise and understanding hearts; fill them with a true love for Your people; make them holy and keep them humble; that they may be faithful shepherds and feed the flock committed to their care, seeking Your glory and the increase of Your kingdom; through Jesus Christ our Lord.

오 주님, 목사와 교사로 당신의 교회를 섬기도록 부름받은 모든 자들에게 성령을 부어 주소서. 그들에게 지혜와 명철을 주소서. 그들에게 주의 자녀를 위한 진정한 사랑을 채워 주소서. 그들을 거룩하고 겸손하게 하소서. 그래서 주의 영광을 구하며 주의 나라를 넓히기 위해 충성된 목자가 되어 그들에게 맡겨진 양들을 먹이게 하소서. 우리 주 예수 그리스도의 이름으로 기도드립니다.

Heavenly Father, we pray that all who serve You in the ministry of Your church may fulfil their calling in dependence on Your grace and in harmony with Your will; that by the power of the Holy Spirit they may accomplish all that You would have them to do, and work not for results or for their own advancement, but wholly for the glory of Your name; through Jesus Christ our Lord.

하늘에 계신 아버지, 교회 사역으로 주님을 섬기는 모든 자들이 주의 은혜에 의지하고 주의 뜻과 조화를 이루는 가운데 그들의 사명을 완수하기를 기도드립니다. 그래서 그들이 성령의 능력으로 주님이 그들에게 명한 모든 것을 이루게 하시고, 결과나 그들 자신의 진보를 위해 일하게 하지 마시며, 오직 주 이름의 영광을 위해서만 일하게 하소서. 우리 주 예수 그리스도의 이름으로 기도드립니다.

Lord, help Your church to be the church as You would have it be, which loyal to its Lord and faithful to its calling. Lord, save Your church from compromise and self-interest: from accommodating itself to the false values of the world; from substituting a comfortable religion for an adventurous faith; from being absorbed in its own concerns and neglecting its world mission. Lord, have mercy on Your church. Cleanse it, revive it, enlighten it, empower it; and what we ask for all Your people, we ask also for ourselves, in the name of Jesus Christ our Saviour.

주님, 교회가 주님께 충성되고 부르심에 충실한, 그런 주님이 원하시는 교회가 되게 도우소서. 주님, 주의 교회를 타협과 사욕으로부터 구해 주소서. 그릇된 세상의 가치를 스스로 용납하고, 모험적인 믿음을 편안한 종교로 대체하려 하며, 세상 관심에 빠져

들어 사명을 무시하려는 것으로부터 구해 주소서. 주님, 교회에
자비를 베푸소서. 교회를 깨끗게 하시고 부흥시키시고 계몽시키
시며 교회에 권능을 주소서. 그리고 모든 주의 자녀를 위해 저희
가 기도드렸던 것처럼 저희 자신을 위해서도 기도드립니다. 우리
구주 되신 예수 그리스도의 이름으로 기도드립니다.

Heavenly Father, we thank You for the witness of Your
church throughout the world, as we pray now especially
for the church in. Give her leaders discernment in their
ministry, compassion for all who are in need, courage to
stand for what is right and true, and boldness to
proclaim the gospel to those they serve. Grant this for
Jesus Christ's sake.

하늘에 계신 아버지, 교회를 위해 특별히 기도하는 이 때에 전
세계 모든 교회의 증인들로 하여 감사합니다. 교회에 지도자를
보내 주시되 사역에 통찰력이 있고, 없는 자들을 불쌍히 여기며,
옳고 진실된 것을 굽히지 않는 용기가 있으며, 섬기는 자들에게
복음을 대담하게 선포하는 자를 보내 주소서. 예수 그리스도의
이름으로 기도드립니다.

Grant Your blessing, O God, to Your church in this land,
and prosper our endeavors to make our nation one in
which Your name is known and honored. May
increasing numbers hear and receive the good news of
your love and saving power; may Christian standards
triumph in public and in private life; and may Your
kingly rule be extended throughout our society; through

Jesus Christ our Lord.

오 하나님, 이 땅의 교회에 복을 주시옵소서. 그리고 저희 나라를 주의 이름이 알려지고 존경받는 곳이 되게 하는 노력이 일어나게 하옵소서. 주님의 사랑과 구원의 능력이라는 기쁜 소식을 듣고 받아들이는 자들의 수가 늘어나게 하옵소서. 기독교적인 기준이 사회에서나 개인의 삶에서 승리하게 하옵소서. 그리고 주님의 법이 저희 사회 전체에 뻗어 나가게 하소서. 우리 주 예수 그리스도의 이름으로 기도드립니다.

Most merciful Father, we bring You the spiritual needs of our country. Revive Your work among us, and inspire Your church to greater faithfulness and renewed zeal in Your service. May Your continued blessing rest on all efforts to make known the good news of Your Son Jesus Christ, that many may be turned to You in repentance and faith and may know the joy of Your salvation. Grant this, O God, for Your glory and for Christ's sake.

자비가 한량없으신 아버지, 저희 나라의 영적인 필요를 주님께 아룁니다. 저희 안에 주님의 일을 소생시키시고, 주님의 교회를 더 큰 믿음으로 고무시키시며, 당신을 섬기는 열정을 새롭게 하소서. 당신의 계속적인 축복이 당신의 아들 예수 그리스도에 대한 기쁜 소식을 알리는 모든 수고 위에 있게 하옵소서. 그래서 많은 사람들이 회개와 믿음으로 당신께 나오고 구원의 기쁨을 알게 하옵소서. 오 하나님, 당신의 영광을 위하여 이를 이루어 주옵소서. 그리스도의 이름으로 기도드립니다.

Lord, You have called Your church to shine as light in the

midst of a dark and needy world: bless and strengthen it in its testimony in every land for justice, truth, and freedom. May it bring help and hope to the poor and the powerless, to the outcast and the oppressed; may it maintain a bold and fearless witness and may it never be ashamed of the gospel of Christ, we ask this in His name.

주님, 당신은 교회를 어둡고 부족한 세상의 한가운데에 빛으로 빛나게 하기 위해 부르셨습니다. 정의와 진리와 자유를 위한 모든 교회의 증거를 축복하시고 더욱더 능력 있게 하옵소서. 교회가 가난하고 연약한 자들과 버림받고 학대받는 자들에게 도움과 소망을 주도록 하옵소서. 교회가 담대하고 두려움 없는 증인으로 남아 있게 하시고 그리스도의 복음을 절대로 부끄러워하지 않게 하옵소서. 예수님의 이름으로 기도드립니다.

Heavenly Father, this world is very perplexing, and yet we believe in Your love. Our church is far from perfect, yet we have met You in Your family. We feel so very small, and yet we know that Your Son became a man to save us all. Send Your Spirit to help us to understand what You want us to do in the fellowship of Your church to bring the knowledge of Your love to others in Your world; through Jesus Christ our Lord.

하늘에 계신 아버지, 이 세상이 매우 혼란스럽지만 저희는 당신의 사랑을 믿습니다. 저희 교회는 온전하지 않지만 저희는 당신의 가족 가운데서 당신을 만납니다. 저희가 정말 아주 작게 느껴지지만 당신의 아들은 저희 모두를 구원하기 위해 인간이 되셨음을 압니다. 성령을 보내 주셔서 세상에 있는 다른 사람들에게 당신의 사랑을 전하기 위해 저희가 교회의 교제 안에서 어떻게 하기를 주님께서 원하시는지 이해할 수 있도록 하옵소서. 우리 주 예수 그리스도의 이름으로 기도드립니다.

Abba, Father, You have shown Your great love by sending Jesus into the world to give new life to men. Pour Your Spirit upon the church that it may preach the gospel to all in every place. Call out men and women to reap the harvest-fields, here in this country and beyond our shores. May they see with the eyes of faith the kingdom in our midst, and reach forward in courage and hope to the kingdom that is to come.

아바 아버지, 당신은 사람들에게 새 생명을 주시기 위해 이 세상에 예수님을 보내심으로 당신의 위대한 사랑을 보여 주셨습니다. 교회에 성령을 부어 주셔서 세상의 모든 사람들에게 말씀을 전하게 하옵소서. 여기 이 나라와 저희 땅 넘어 수확지에서 추수할 남녀를 부르시옵소서. 그들이 믿음의 눈으로 저희 가운데 있는 왕국을 보고 용기와 소망을 가지고 앞으로 올 왕국을 향해 나아가게 하옵소서.

Heavenly Father, You have committed to Your church the good news of Jesus Christ to be shared with all mankind. We confess with shame that we have been slow to fulfil this task and that multitudes have never yet heard of Jesus. Forgive our failure, our disobedience, our lack of love; rekindle our zeal, enlarge our vision, increase our faith, and show us each one what You would have us to do in the service of Your world-wide kingdom; through Jesus Christ our Lord.

하늘에 계신 아버지, 당신은 교회에 예수 그리스도의 기쁜 소식을 모든 사람들과 나누도록 사명을 맡기셨습니다. 저희가 이 사역을 이루는 데 있어 게을렀고 아직도 많은 자들이 예수님에 대해 전혀 들은 적이 없음을 부끄럽게 고백합니다. 저희의 잘못과 불순종과 부족한 사랑을 용서하옵소서. 저희 열심에 다시 불을 붙여 주시고, 저희 꿈을 크게 하시고, 저희 믿음을 자라게 하옵소서. 그리고 당신의 넓은 왕국을 섬기는 데 저희가 무엇을 할 것인지를 저희 각자에게 보여 주시옵소서. 우리 주 예수 그리스도의 이름으로 기도드립니다.

Heavenly Father, You have called Your church to proclaim the gospel in all lands, and to gather the people of all races into the fellowship of Christ's church. Help us in obedience to Your call to participate actively in the Christian mission, in our own country and overseas, and to commend the gospel of Christ by what we are, by what we say, and by what we do for others, to the glory of Your name.

하늘에 계신 아버지, 당신은 교회를 온 땅에 복음을 전파하고 모든 인종들을 그리스도 교회의 교제 안에 모이게 하기 위해 부르셨습니다. 저희를 저희 나라와 해외에서 그리스도의 선교에 적극적으로 참여케 하며, 저희의 모습과 말과 행동으로 그리스도의 복음을 전하게 하기 위한 당신의 부름에 순종하도록 도와 주옵소서. 예수님의 존귀하신 이름으로 기도드립니다.

We give You thanks, our Father, for the missionary societies of the church and for these who have gone forth to preach the gospel and further Your kingdom in every part of the world. We thank You for all who in years past have supported and maintained this work; and we pray that we in our own day may not fail to do our part, and so share in the church's mission to make disciples of all the nations, for the sake of Jesus Christ our Lord.

우리 아버지, 교회의 선교 단체와 세상 모든 곳에 복음과 나아가 당신의 왕국을 전파하러 나간 자들로 인해 감사드립니다. 과거에 이 사역을 돕고 유지하였던 모든 사람들에 대해 감사합니다. 저희의 때에 저희 역할을 수행하여 모든 민족을 제자로 삼기 위한 교회의 선교를 담당하게 하옵소서. 우리 주 예수 그리스도의 이름으로 기도드립니다.

Lord, we have but one life to live, the life You have given us, the life You have redeemed. Help us to make the best use of it and not to waste it or fritter it away. Show us Your plan and purpose for our life, and let it be our joy to do Your will and serve You all our days. Lord, let us not live to be useless, for Jesus Christ's sake.

주님, 저희에게는 당신이 주신, 당신이 구원하신 한 생명밖에 없습니다. 이 삶에 최선을 다하며 이를 낭비하거나 소비하지 않게 하옵소서. 저희 삶에 대한 당신의 계획과 목적을 보여 주옵소서. 그리고 당신의 뜻을 이행하고 언제나 당신을 섬기는 것이 저희의 기쁨이 되게 하옵소서. 주님, 쓸모 없이 살지 않게 하옵소서. 예수 그리스도의 이름으로 기도드립니다.

Lord and heavenly Father, through Your Son Jesus Christ You have called us to be one in the family of Your church: give us grace to break down the barriers which keep us apart; that, accepting our differences, we may grow in love for one another; through Jesus Christ our Lord.

하늘에 계신 주 아버지, 당신은 당신의 아들 예수 그리스도를 통해 저희를 교회의 한 가족이 되도록 부르셨습니다. 저희를 분열시키는 장애들을 허물어 버리는 은혜를 주옵소서. 그래서 서로 다른 점들을 받아들이며 서로 사랑 안에서 자라게 하옵소서. 우리 주 예수 그리스도의 이름으로 기도드립니다.

Lord, not our gifts alone but our lives also we now offer to You. Accept both of them and us in Your service, and use both them and us for Your glory, through Christ our Lord.

주님, 저희의 은사뿐 아니라 저희 삶 또한 주님께 드립니다. 이 모두를 당신을 섬기는 데 받아 주시며 당신의 영광을 위해 사용하옵소서. 우리 주 그리스도의 이름으로 기도드립니다.

O God, You lead Your people as a shepherd leads His flock: we thank You for Your mercies to us while we have lived in this area, for friendships made, for joys and sorrows shared. Teach us to venture trustfully into the future while we retain our gratitude for the past. Above all, make us to live each present moment in ways pleasing to You; for the sake of Jesus Christ our Lord.

오 하나님, 당신은 목자가 그의 양떼를 인도하듯이 당신의 사람

들을 인도하십니다. 이 땅에 사는 동안 저희에 대한 당신의 자비
하심에 감사하오며, 우정과 기쁨, 슬픔을 나누게 하시니 또한 감
사합니다. 저희가 과거에 감사하면서 미래를 향해 신뢰를 갖고
모험하도록 가르쳐 주옵소서. 무엇보다도 순간순간 당신을 기쁘
게 하며 살도록 하옵소서. 우리 주 예수 그리스도의 이름으로 기
도드립니다.

Lord, two choices are before me, and I'm afraid to choose
in case I make the wrong decision. I have examined the
facts and consulted the experts; I have talked over the
issues with my friends; but I cannot make a decision. If I
knew what next year held for me, there would be no
problem in making the right choice, but I do not know,
and there is no one to guide one. So help me, Lord, with
my decisions. I know that You will not show me all the
way ahead; but You will give me light for the next step.
Illumine the footprints my feet can follow, and make me
content to take one step at a time.

주님, 제 앞에 두 가지 선택의 길이 있습니다. 그리고 제가 잘못
된 결정을 내릴까 봐 두렵습니다. 사실을 검토하고 전문가와 상
의했습니다. 제 친구들과도 이야기했습니다. 하지만 저는 결정을
내릴 수가 없습니다. 내년에 제 앞에 무슨 일이 있을지 안다면
옳은 선택을 내리는 데 아무 문제가 없을 것입니다. 그러나 전
모릅니다. 그리고 지도해 줄 사람이 아무도 없습니다. 그러니 주
님, 제가 결정을 잘 내리도록 도와 주옵소서. 당신이 저의 모든
앞날을 보여 주지는 않을 것으로 압니다. 하지만 당신이 다음 발
걸음에 빛을 비춰 주실 것을 믿습니다. 제 발이 따라갈 수 있는

발자국을 비춰 주옵소서. 그래서 제가 한번에 한 발자국씩 가는 데 만족하도록 하옵소서.

God of all grace, we thank You for the many skills of body and mind that You have given us. We gratefully offer them in the service of Your purpose for all mankind, for the welfare and prosperity of our fellow men, and for the honor and glory of Your name.

은혜의 하나님, 주님이 저희에게 주신 육체와 마음의 많은 기술들에 대해 감사합니다. 복지와 저희를 따르는 자들의 번영과 주 이름의 명예와 영광, 그리고 온 인류를 위한 당신의 목적에 따른 봉사에 이것들을 기쁘게 드립니다.

Help us, O Lord, by Your grace, to fulfil the purpose for which in Your wisdom You created us and in Your love You redeemed us; that all our days may be of service to others and accomplish something of worth for Your kingdom and Your glory; through our Lord and Saviour Jesus Christ.

오 주님, 저희를 창조하신 지혜와 저희를 구원하신 사랑 안에 있는 목적을 이루도록 당신의 은혜로 저희를 도와 주옵소서. 그래서 저희 모든 날 동안 다른 사람들을 섬기고 당신의 왕국과 영광을 위해 가치 있는 무엇인가를 성취하게 하옵소서. 우리 주 구원자 예수 그리스도의 이름으로 기도드립니다.

God our Father, guide our minds and strengthen our

wills, that we may give ourselves to You in thankfulness and love, and be used in the service of Your kingdom; for Jesus Christ's sake.

하나님 우리 아버지, 저희 마음을 지도하시고 저희 뜻을 강하게 하옵소서. 그래서 저희가 감사함과 사랑으로 저희 자신을 당신께 드리고 당신의 왕국을 섬기는 데 사용되게 하옵소서. 예수 그리스도의 이름으로 기도드립니다.

Heavenly Father, we ask that we, who have worshipped You in Your church, may be witnesses to You in the world through the power of Jesus Christ our Lord. O God of peace, sanctify us wholly and may we be kept in Your love until the coming of our Lord Jesus Christ.

하늘에 계신 아버지, 교회에서 당신께 예배드린 저희들이 우리 주 예수 그리스도의 능력으로 세상에서 당신의 증인이 되게 하옵소서. 오 평화의 하나님, 저희를 온전히 성화시켜 저희가 주 예수 그리스도가 오실 때까지 당신의 사랑 안에서 보호되게 하옵소서.

Give us grace, we pray, to accept Your gifts joyfully and to use them generously to Your glory and praise; through Jesus Christ our Lord.

당신의 선물을 기쁘게 받아 그것을 당신께 영광 돌리고 찬양하기 위해 풍성하게 사용하도록 저희에게 은혜를 내려 주시기를 우리 주 예수 그리스도의 이름으로 기도드립니다.

Loving God, we give thanks for Your goodness and love towards us: for the joy of home an family; for the companionship of friends and neighbours; for the activities that fulfil our lives; for the strength that supports us and the love that surrounds us, both when our joy is complete and when it is touched by pain. We give thanks for Your Son Jesus Christ: for the glory of His humble birth, for the graciousness of His selfless life, for the obedience and trust that led Him to the cross, and for the triumph of his resurrection and ascension. We give thanks for Your Holy Spirit at work in Your church and in our hearts, revealing Your truth, renewing our lives, and bringing us to Your eternal kingdom.

사랑의 하나님, 저희를 향한 당신의 선하심과 사랑에 감사를 드립니다. 한 가족이 된 가정의 기쁨을 주시고, 친구와 이웃과 교제하게 하시며, 저희 삶을 활기차게 하시고, 저희를 유지하는 힘을 주시며, 저희를 사랑으로 감싸 주시니 저희가 기쁨에 넘칠 때나 아픔을 느낄 때나 감사를 드립니다. 당신의 아들 예수 그리스도로 인해 감사를 드립니다. 그의 영광스런 겸손한 탄생, 그의 인자하신 반이기적인 삶, 그를 십자가로 이끈 순종과 신뢰, 그리고 부활과 승천의 승리로 인해 감사를 드립니다. 교회와 저희 마음속에 역사하시는 성령께 감사를 드립니다. 그분은 진리를 드러내고 저희 삶을 새롭게 하며 저희를 당신의 영원한 왕국으로 데려가시기 때문입니다.

Funeral • 장례식

Father, Your love is stronger than death: by You we are all being brought to life. Help us, as we hear the promises of Your Word, to believe them and to receive the comfort they offer. You are the giver of hope: fill us with joy and peace in believing, that our fears may be dispelled, our loneliness eased, and our hope re-awakened; through Jesus Christ our Lord.

아버지, 당신의 사랑은 죽음보다 강합니다. 당신이 저희에게 생명을 주셨습니다. 말씀의 약속을 들을 때에 그 약속을 믿게 하옵시며, 말씀이 주는 위로를 받게 도와 주옵소서. 당신은 소망을 주시는 분이십니다. 믿음 가운데 저희를 기쁨과 평화로 채워 주옵소서. 그래서 저희 두려움이 쫓겨나고 외로움이 없어지며 희망이 다시 소생케 하옵소서. 우리 주 예수 그리스도의 이름으로 기도드립니다.

Father God, we are glad that _____ no longer has to know pain or fear, but we are sad for ourselves that he/she is no longer with us to share things together and to have fun with us. Father God, we are very unhappy: we cannot understand what has happened to _____.

103

Please help us to know that however hard it is for us, he/she is being looked after by You and that You love him/her still more than we do. We believe that You are looking after him/her; please look after us as well; through Jesus Christ our Lord.

하나님 아버지, _____ 가 더 이상 아픔과 두려움을 모르게 되니 기쁩니다. 그러나 그가 저희와 더 이상 함께 나누지 못하고 즐거워할 수 없으니 슬픕니다. 하나님 아버지, 저희가 매우 슬프나이다. _____ 에게 일어난 일을 이해할 수가 없습니다. 저희에게 힘든 일이라 할지라도 그가 당신의 돌봄을 받고 있으며, 아직도 저희가 사랑한 것보다 당신이 그를 더 사랑하고 있음을 알게 해 주옵소서. 당신이 그를 돌보고 있음을 믿습니다. 저희도 돌아봐 주옵소서. 우리 주 예수 그리스도의 이름으로 기도드립니다.

Loving God, we thank You for the gift of life. Today we thank You for the life of _____ and all that he/she was. We thank You for memories which we can keep, a source of comfort and continuing thankfulness. Thank You for those aspects of his/her life which meant so much to us. By Your grace, help us to commit _____ into Your hands. Grant us Your peace, for we ask it in the name of Jesus Christ our Saviour.

사랑의 하나님, 삶을 선물로 주시니 감사합니다. 오늘 _____ 의 삶과 그의 과거 모습에 대해 감사합니다. 저희가 간직할 수 있는 추억과 위로와 계속되는 감사거리에 감사합니다. 저희에게 정말 의미가 있었던 그의 삶의 모습에 감사합니다. 당신의 은혜로

_____ 를 당신의 손에 맡기도록 도와 주옵소서. 당신의 평강을 저희에게 주시기를 우리 구주 예수 그리스도의 이름으로 구합니다.

Living God, we praise You for Jesus Christ who, for the joy that was in the future, went into the darkness of death so that we might continue to hope and rise above despair. Thank You for His death, which has opened up the future for us; thank You for His living among us now as risen Lord, leading us through death to undying life. Keep convincing us that His resurrection means life for us, and that neither death, nor life, nor anything in all creation can deprive us of the future You are making for us.

살아 계신 하나님, 죽음의 암흑으로 들어가셨던 — 훗날에는 기쁨이 되었지만 — 예수 그리스도로 인해 주님을 찬양합니다. 그래서 저희가 계속 소망을 갖고 절망을 정복하게 되었습니다. 예수님의 죽으심에 대해 감사합니다. 그 죽음은 저희에게 미래를 열어 주었습니다. 이제 부활하신 주님으로서 저희 가운데 살아 계시며 저희를 죽음에서 사망이 없는 삶으로 인도하시니 감사합니다. 예수님의 부활이 저희에게 생명을 뜻하며 죽음이나 생명이나 어떤 창조물로도 당신이 저희를 위해 만들어 놓으신 미래를 저희로부터 빼앗아 갈 수 없음을 계속 확신하도록 하옵소서.

Eternal God, the Lord of life, the conqueror of death, our help in every time of trouble, comfort us who mourn. Give us grace, in the presence of death, to worship You;

and enable us to put our whole trust in Your goodness and mercy; through Jesus Christ our Lord.

영원하신 하나님, 생명의 주님, 죽음의 정복자여, 어려운 일이 있을 때마다 저희를 돕는 분이시여! 애도하는 저희를 위로하여 주옵소서. 저희가 죽음이라는 현실 앞에서 당신께 예배드리도록 은혜를 주옵소서. 그리고 저희가 당신의 선하심과 자비하심 안에서 온전한 믿음을 가질 수 있도록 하옵소서. 우리 주 예수 그리스도의 이름으로 기도드립니다.

Loving God, we come to You in our need. You have given us birth and now we face the mystery of death. Help us to find You in the whole of life, its beginning and its ending. Help us to discover You in our pain as well as our joy, in our doubts as well as our believing, that we might find comfort in Your Word and light for our darkness. In the name of Jesus we ask it.

사랑의 하나님, 저희의 필요를 가지고 주님께 나옵니다. 당신이 저희를 태어나게 하셨는데 이제 저희는 죽음이라는 비밀과 마주서 있습니다. 저희 모든 인생 동안 그 시작과 마지막에서 당신을 발견하게 도와 주시옵소서. 기쁠 때뿐만 아니라 고통 속에서도, 믿음 가운데 있을 때뿐만 아니라 의심하고 있을 때에도 당신을 발견하도록 하옵소서. 그래서 당신의 말씀 속에서 위로를 찾고 어둠 속에서 빛을 찾게 하옵소서. 예수님의 이름으로 기도드립니다.

Confession · 회개

Lord, remembering the depth of Your love to us, we repent of our half-hearted discipleship. We have been called to deny ourselves: forgive us for putting self-interest before the interests of Your kingdom; forgive us that Christ's Lordship in our hearts has been challenged by our ambition, our appetites, our desires, and our needs; forgive us for not being self-forgetful in our care for other people. Lord, we have been called to carry a cross: forgive us for complaining when it has weighed heavily upon us; forgive us that, having received so much, we have sacrificed so little; forgive us for the limits we have set to Christian love; forgive us that we have settled for mediocrity, resisting the fire and passion of Christ's love upon the cross.

주님, 저희에 대한 당신의 깊은 사랑을 기억하며 저희의 반신반의하는 제자로서의 삶을 회개합니다. 저희는 저희 자신을 부인하도록 부름을 받았사오나 당신의 왕국에 대한 관심에 앞서 이기적인 관심을 가진 것을 용서하옵소서. 저희 마음에 있는 그리스도의 주권이 저희 야망, 욕망, 욕구, 그리고 필요 같은 것에 의해 도전받게 한 것을 용서하옵소서. 다른 사람들을 돌보는 데 헌신적이지 못한 것을 용서하옵소서. 주님, 저희는 십자가를 지라고 부름받았습니다. 저희에게 지워진 십자가가 무거울 때 불평한 것을 용서하옵소서. 저희가 그렇게 많이 받았음에도 조금밖에 헌신하지 못했음을 용서하옵소서. 기독교적인 사랑을 제한해 놓았던 것을 용서하옵소서. 십자가에서 이루어진 그리스도의 불타는 열정적 사랑에 저항하며 평범한 것에 안주했음을 용서하옵소서.

Almighty God, our heavenly Father, we have sinned against You and against Your children, our brothers and sisters, in thought and word and deed, through negligence, through weakness, through our own deliberate fault. We have wounded Your love, and marred Your image in us. We are sorry and ashamed, and repent of all our sins. For the sake of Your Son, Jesus Christ, who died for us, forgive us all that is past and lead us out from darkness to walk as children of light.

전능하신 하나님, 하늘에 계신 우리 아버지, 저희는 당신과 당신의 자녀인 저희 형제 자매에게 죄를 지었습니다. 생각과 말과 행위로 죄를 지었습니다. 태만과 연약함과 저희 자신의 고의적인 잘못을 통해 죄를 지었습니다. 저희가 당신의 사랑에 상처를 주었고 저희 안에 있는 당신의 모습을 손상시켰습니다. 죄송하고 부끄러우며 저희 모든 죄를 회개합니다. 저희를 위해 죽으신 당신의 아들, 예수 그리스도를 위해 과거의 모든 것을 용서하여 주시고 빛의 자녀로 걷도록 어둠으로부터 인도하여 내옵소서.

Merciful God, we confess to You now that we have sinned. We confess the sins that no one knows and the sins that everyone knows: the sins that are a burden to us and the sins that do not bother us because we have got used to them. We have not loved one another as Christ loved us. We have not give ourselves in love and service for the world as Christ gave Himself for us. Father, forgive us. Send the Holy Spirit to us, that He may give us power to sanctify us.

자비로우신 하나님, 저희가 죄를 지었음을 고백합니다. 아무도 모르는 죄와 누구나 아는 죄를 고백합니다. 저희에게 짐이 되는 죄도 있고, 습관화되어 부담되지 않는 죄도 있습니다. 저희는 그리스도가 저희를 사랑하신 것처럼 서로 사랑하지 않았습니다. 그리스도가 자신을 저희에게 주신 것처럼 세상을 위해 사랑과 섬김으로 저희 자신을 주지 않았습니다. 아버지, 저희를 용서하옵소서. 거룩한 성령을 저희에게 보내 주셔서 저희를 성화시키는 힘을 주시옵소서.

Loving God, in the security of quiet prayer we confess to You that we have failed to live up to the reasonable expectations of other; we have fallen short of our own modest standards and we are far from being all that You would have us to be. We have hurt our fellow men and women, disappointed ourselves and added to Your suffering. In the name of Jesus Christ who welcomed sinners and lifted up the downcast, we ask You to forgive us for what we have done.

사랑하는 하나님, 비밀스레 조용히 기도하는 이 시간, 다른 사람들의 합당한 기대대로 살지 못했음을 당신께 고백합니다. 저희 자신의 알맞은 기준에도 미치지 못했고 당신이 저희에게 원했던 것에서도 거리가 멉니다. 저희 남녀 친구들에게 상처를 주었고 저희 자신을 실망시켰으며 당신의 고통이 더하도록 했습니다. 저희가 행한 것을 용서해 주시기를 죄인을 환영하며 낙심한 자에게 용기를 주셨던 예수 그리스도의 이름으로 기도드립니다.

Living God, loving Father, be with us to give us the courage and hope of Your promises. You have invited us to unload our burdens on to You because You will support us: fulfil that promise now. Go with us on our way as we pay these last offices of love, and assure us again that You are our home, and that underneath us are the everlasting arms.

살아 계신 하나님, 사랑의 아버지, 저희와 함께 계셔서 용기와 주님의 약속에 대한 소망을 주옵소서. 저희를 도와 줄 터이니 무거운 짐을 당신께 내려놓으라고 저희를 초대하셨습니다. 지금 그 약속을 이루소서. 저희가 이 사랑의 마지막 값을 갚을 때까지 저희 가는 길에 함께하옵소서. 그리고 당신이 저희의 가정이며 당신의 영원한 팔이 저희를 받들고 있음을 다시금 확인케 하옵소서.

Mission · 선교

God of peace, You have shown us that Your will for the world is that all people should live in justice and peace. We pray for Your world, torn apart by conflict and fear - nations divided one from another by suspicion, aggression, and greed, nations divided within themselves by injustice, oppression, and powerlessness. You have called Your church to be a sign of hope in a world without hope, a healing community in a broken world, a people of peace in a world at war with itself. Forgive our failures of the past and create in us a vision of unity and hope, of love and sharing, that we might indeed be a light for the nations; through Jesus Christ our peace.

평화의 하나님, 당신은 저희에게 세상을 향한 당신의 뜻이 모든 사람들이 정의와 평화 가운데 살도록 하는 것임을 보여 주셨습니다. 싸움과 두려움으로 찢어진 당신의 세계, 즉 의혹과 침략과 탐욕으로 인해 갈라진 나라를, 불의와 압박과 무력함으로 인해 스스로 갈라진 나라들을 위해 기도합니다. 당신은 교회를 소망이 없는 세계에서 소망의 표적으로, 깨어진 세상에서 치유의 공동체로, 전쟁 가운데 있는 세상에서 평화의 백성으로 부르셨습니다. 과거 저희 잘못을 용서하시고 저희 안에 하나 됨과 소망, 사랑과 나눔의 꿈을 새롭게 하셔서 저희가 세상의 빛이 되게 하옵소서.
우리의 평화 예수 그리스도의 이름으로 기도드립니다.

Offering · 헌금

Lord, You judge us not by what we give, but by what we keep. You keep back nothing of Yourself; we offer You now all that we have and are; through Jesus Christ our Lord.

무엇을 드리는가로 저희를 판단하지 않으시고 무엇을 가지고 있는가로 저희를 판단하시는 주님, 당신은 아무것도 갖고 계시지 않습니다. 이제 저희가 가진 모든 것과 저희 자신을 드립니다. 우리 주 예수 그리스도의 이름으로 기도드립니다.

Out of Your providing, Lord, we make this offering brought from our daily living. Sanctify Your gift, and bless the life from which it comes, that with a cheerful spirit and an ungrudging heart we may be devoted to Your service; through Jesus Christ our Lord.

주님, 당신이 주신 것 중에서 저희 일상생활에서 가져온 이 예물을 드립니다. 당신의 선물을 신성하게 하시며 앞으로의 삶을 축복하시어 기쁜 영과 기꺼운 마음으로 당신을 섬기는 데 헌신하게 하옵소서. 우리 주 예수 그리스도의 이름으로 기도드립니다.

Lord Jesus Christ, You were rich, yet for our sake You

113

became poor, so that through Your poverty we might become rich. Accept this collection as a token of our gratitude for You have done. Lord God, may our offering of this portion of our money be a sign that we wish all we have and are to used in Your service. May the use of these gifts and the living of us who lives give You glory; through Christ our Lord.

주 예수 그리스도시여, 주님은 부유하셨으나 저희들을 위해 가난하게 되셨습니다. 그래서 저희는 주님의 빈곤으로 인해 부하게 되었습니다. 여기 당신께서 해 주신 것에 대한 감사의 표시로 예물을 드리오니 받아 주옵소서. 주 하나님, 저희 재물의 일부를 드리는 이 예물이 저희가 가진 모든 것과 저희 자신이 당신의 사역에 쓰임받기를 원하는 표시가 되게 하소서. 이 선물들의 사용과 살아 있는 저희의 삶이 당신께 영광이 되도록 하옵소서. 우리 주 그리스도의 이름으로 기도드립니다.

Heavenly Father, be with us in every experience of life. When we neglect You, remind us of Your presence; when we are frightened, give us courage; when we are tempted, give us power to resist; when we are anxious and worried, give us peace; when we are weary in service, give us energy and zeal; for the sake of Jesus Christ our Lord.

하늘에 계신 아버지, 삶의 모든 체험 가운데 함께하옵소서. 저희가 주님을 소홀히 할 때 주님의 임재를 깨닫게 하시며, 저희가 두려워할 때 용기를 주시고, 저희가 유혹받을 때 저항할 수 있는 힘을 주시며, 저희가 근심하고 걱정할 때 평온함을 주시고, 저희

가 주님의 일에 지쳐 있을 때 활력과 열정을 주옵소서. 우리 주
예수 그리스도의 이름으로 기도드립니다.

Christmas · 성탄절

Loving Father, we thank You for the gift of Your Son whose birth at Bethlehem we now prepare to celebrate. May our hearts and our homes always be open to Him, that He may dwell with us for ever, and we may serve Him gladly all our days, to the honor and glory of Your name.

사랑의 아버지, 저희가 지금 축하하려 하는 베들레헴에서 나신 아들을 선물로 주심을 감사합니다. 저희 마음과 가정이 항상 그에게 열려 있게 하셔서 그가 저희와 함께 영원히 거하며, 저희가 사는 날 동안 그를 기쁘게 섬기도록 하소서. 당신의 영광스럽고 존귀한 이름으로 기도드립니다.

We give thanks to the Father at this Christmas time for the gift of His Son to be our Saviour for the love of Christ in making our human nature; for His lowly birth at Bethlehem; and for the great redemption He has brought to us and to all mankind. Glory to God in the highest!

이 성탄절날 저희와 같은 성품으로 만들어지신 그리스도의 사랑으로 저희 구원자가 되신 아들을 선물로 주심을 아버지께 감사드립니다. 그는 베들레헴에서 겸손하게 태어나셨지만 저희와 모든

인류를 위해 큰 구원을 이루셨습니다. 가장 높은 곳에 계신 하나
님께 영광을 돌려 드립니다.

Heavenly Father, we pray that amid all the joys and
festivities of this season we may not forget what
Christmas really means: that You loved the world so
much that You gave Your only Son, who was born to be
our Saviour. Accept our thanksgiving, and fill us with
the spirit of charity and goodwill, that we may show our
gratitude in generous service to those who need our
help; for Jesus Christ's sake.

하늘에 계신 아버지, 이 계절의 기쁨과 흥겨움 가운데 저희가 성
탄절이 정말 무엇을 의미하는지 잊지 않기를 기도합니다. 당신이
세상을 이처럼 사랑하사 저희의 구원자 되시는 독생자를 주셨음
을 잊지 않게 하옵소서. 저희의 감사를 받아 주시고 저희를 자비
롭고 친절한 마음으로 채워 주셔서 저희의 도움을 필요로 하는
자들을 관대하게 섬기며 저희의 감사를 표하게 하옵소서. 예수
그리스도의 이름으로 기도드립니다.

O God, we thank You for the message of peace that
Christmas brings to our distracted world. Give peace
among the nations; peace in our land; peace in our
homes, and peace in our hearts, as we remember the
birth at Bethlehem of the Prince of Peace, Jesus Christ
our Lord.

오 하나님, 성탄절이 이 어지러운 세상에 가져다 주는 평화의 메
시지에 감사합니다. 세상에 평화를 주시옵소서. 베들레헴에서 태

어나신 평화의 왕자 우리 주 예수 그리스도를 기억할 때 저희 땅에 평화를, 저희 가정에 평화를, 그리고 저희 마음에 평화를 주시옵소서.

We praise You, Lord God, for the good news of Christmas: for the coming of Your Son to redeem mankind. Let it be good news for each one of us at this time as we open our hearts to Your love and welcome Jesus as our Saviour. Then show us what we can do to pass on the good news to others, that they may share our joy and give thanks with us for Your unspeakable gift in Jesus Christ our Lord.

주 하나님, 성탄절의 기쁜 소식으로 인해 주님을 찬양합니다. 인류를 구원코자 아들이 오심을 찬양합니다. 저희가 당신의 사랑 앞에 마음 문을 열고 구원자 예수님을 맞이할 때에 저희 각자에게 기쁜 소식이 되게 하옵소서. 그리고 저희가 다른 자들에게 복음을 전하기 위해 무엇을 할 수 있는지를 보여 주셔서, 우리 주 예수 그리스도 안에서 그들이 저희 기쁨을 나누어 갖고 당신의 말할 수 없는 선물에 대해 저희와 같이 감사를 드리도록 하옵소서.

New Year • 새해

We give thanks, our heavenly Father, for the goodness and mercy which have followed us all the days of our life, and especially through the year that is now past; and we pray that in the year ahead Your wisdom may direct us, Your power defend us, and Your love enfold us; through Jesus Christ our Lord.

하늘에 계신 우리 아버지, 저희가 사는 모든 날 동안 특히 이제 막 지나간 해를 통해 저희에게 주신 선하심과 자비하심에 감사를 드립니다. 그리고 다가오는 해에 당신의 지혜로 저희를 지도하시며 당신의 능력으로 저희를 보호해 주시고 당신의 사랑으로 저희를 감싸 주시기를 기도합니다. 우리 주 예수 그리스도의 이름으로 기도드립니다.

For all the possibilities ahead in this new year, make us thankful, O Lord. Give us wisdom, courage, and discernment in the face of so much chaos, despair, and fear. Help us to see how, in our circumstances, we can contribute towards peace, faith, and love.

오 주님, 이 새해 앞에 있는 모든 가능성들로 저희가 감사하게 하옵소서. 수많은 혼돈과 절망과 두려움을 대할 때 저희에게 지

119

혜와 용기와 통찰력을 주시옵소서. 저희 환경 속에서 어떻게 평화와 믿음과 사랑에 기여할 수 있는지 깨닫도록 도와 주옵소서.

Easter · 부활절

Christ is alive, the conqueror of all His foes, and in us. Christ is alive, and in His hands are the keys of death and the unseen world. Christ is alive, and in Him we are born again to a living hope and an eternal inheritance. We praise You, O Christ, for Your resurrection victory. We acknowledge You as our living Saviour and Lord. We rejoice in hope of the glory of God.

모든 적들의 정복자 되시며 저희 안에 계시고 살아 계신 그리스도시여. 그리스도는 살아 계시며 죽음과 보이지 않는 세상의 열쇠를 쥐고 계십니다. 그리스도는 살아 계시며 그 안에서 저희는 산 소망과 영원한 기업으로 다시 태어났습니다. 오 그리스도시여, 당신의 부활의 승리를 찬양합니다. 당신은 살아 계신 구원자이시며 주님이십니다. 하나님의 영광의 소망 가운데 기뻐합니다.

We give thanks, O God our Father, for the glorious resurrection of Your Son our Lord from the dead: for His victory over sin and the grave; for His risen presence in our daily lives; for His promise of life immortal with Him. Accept our praise, and teach us day by day to live rejoicingly in the faith of Him who died for us, and rose again, and is alive for evermore, our Saviour Jesus Christ.

하나님 우리 아버지, 당신의 아들 우리 주께서 죽음에서 영광스럽게 부활하심을 감사드립니다. 죄와 죽음을 이기신 승리에 감사를 드립니다. 저희 매일의 삶 속에 부활하셔서 임재하시니 감사합니다. 주님과 영원히 살리라고 약속하심을 감사합니다. 저희의 찬양을 받아 주시옵소서. 그리고 저희를 위해 죽으셨고 다시 살아나셨으며 영원히 사실 그, 우리 구원자 예수 그리스도를 믿는 믿음으로 매일 매일 기쁨 가운데 살도록 가르쳐 주옵소서.

We worship You, our living, conquering Lord, because by Your death You have broken the power of death, and by Your glorious resurrection You have brought life and immortality to light. As those who partake of Your victory we pray that we may continually rejoice in this hope, and live on earth as those whose citizenship is in heaven, where You reign in the glory of the Father and the Holy Spirit for ever and ever.

살아 계시고 정복자 되신 주님께 경배합니다. 왜냐하면 죽으심으로 죽음의 힘을 무너뜨리시고 영광스런 부활로 생명과 꺼지지 않는 빛을 가져다 주셨기 때문입니다. 당신의 승리에 참여하는 자로서 저희가 계속 이 소망 가운데 기뻐하고, 아버지와 성령의 영광 안에서 당신이 영원히 통치하시는 천국에 시민권이 있는 자로서 이 땅에 살기를 기도합니다.

Living Lord, conqueror of death, we remember with gladness how on the day of Your resurrection You appeared to Your disciples in Your risen power and said to them, "Peace be with You." Speak that word to our hearts today, O Lord. Lift us above all our doubts and fears, and help us so to practice Your presence and to rest upon Your victory that Your peace may be with us, now and for evermore.

살아 계신 주님, 죽음을 이기신 분이여, 부활절날 당신이 부활의 능력으로 어떻게 제자들 앞에 나타나셨고 어떻게 그들에게 "평화가 있을지어다."라고 말씀하셨는지 기억합니다. 오 주님, 오늘날에도 저희 마음에 그렇게 말씀하시옵소서. 의심과 두려움에서 저희를 일으켜 세워 주시고, 당신의 임재를 이처럼 연습하며, 당신의 승리에 의지해서 당신의 평강이 지금과 또 영원토록 저희와 함께하도록 도와 주시옵소서.

Lord, at this Easter time we ask You to increase our faith, our hope and our love. Give us the faith that overcomes the world and enables us to face both life and death calm and unafraid. Give us the hope that looks beyond this mortal life and grasps hold of the things unseen and eternal. Give us the love that binds us more closely to one another, and to You our risen Lord; to whom be all glory and praise, dominion and power, now and forever.

주님, 이 부활절에 저희 믿음과 소망과 사랑을 더해 주시기를 간구합니다. 세상을 이기고, 삶과 죽음을 차분하고 두려움 없이 대할 수 있는 믿음을 주옵소서. 이 죽을 수밖에 없는 삶 너머를 보며, 보이지 않고 영원한 것을 붙잡는 소망을 주옵소서. 저희끼리, 그리고 부활하신 주님과 더 가까이 엮어지는 사랑을 주시옵

소서. 지금과 또 영원토록 모든 영광과 찬양, 권능과 힘이 되시
는 분께 기도드립니다.

Almighty God, our heavenly Father, as we celebrate
again the rising of our Lord Jesus Christ from the grave,
help us to remember that we were united with Him both
in His death and in His resurrection; that enabled by
Your grace we may follow Him in the way of holiness
and be partakers of His victory, to the glory of Your
name.

전능하신 하나님, 하늘에 계신 우리 아버지, 죽음에서 살아나신
우리 주 예수 그리스도를 다시 축하할 때에, 저희가 예수님의 죽
으심과 부활 안에서 그와 하나가 되었음을 기억하도록 도와 주옵
소서. 당신의 은혜로 저희가 거룩한 길로 예수님을 따라가고, 그
의 승리에 참여하는 자가 될 수 있었음을 기억하도록 도와 주옵
소서. 존귀한 당신의 이름으로 기도드립니다.

Whitsuntide · 성령 강림절

Praise to the Holy Spirit who alone enables us to call God our Father and Jesus our Lord. May we live and walk by the same Spirit, that we may grow in the likeness of Jesus Christ and pray with the freedom of the sons of God. Praise to the Holy Spirit for His fruit of love and joy and peace. May His fruit grow and prosper in us and our lives be lived to the glory of God. Praise to the Holy Spirit for His gifts of power and inspiration. May He lead the Church to desire the best gifts and to distinguish the true from the false, for the sake of the health of the body. Praise to the Holy Spirit who is the promise of the Father and the gift of the Son, in whose name we pray, Jesus Christ our Lord.

저희가 하나님을 우리 아버지라 하고 예수님을 주님이라 부를 수 있게 하신 거룩하신 성령님을 찬양합니다. 저희가 같은 성령으로 살고 걸어가게 하셔서 예수 그리스도를 닮는 가운데 성장하고 하나님의 자녀로서의 자유함으로 기도하게 하옵소서. 사랑과 기쁨과 평화라는 성령의 열매에 대해 성령님께 찬양을 드립니다. 성령의 열매가 저희 안에서 자라고 번창하여 저희가 하나님의 영광을 위해 살도록 하옵소서. 능력과 영감이라는 성령의 은사에 대해 성령님께 찬양을 드립니다. 지체의 건강을 위해 가장 좋은 은사를 간절히 원하고 거짓으로부터 진리를 구별할 수 있는 교회로 인도하옵소서. 아버지의 약속이시며 아들의 선물이신 성령님을 찬양합니다. 우리 주 예수 그리스도의 이름으로 기도합니다.

Almighty God, Your prophet of old spoke of a day when You would do a new thing for Your people and pour out Your Spirit on all alike. We praise You that that day dawned for Your Church at Pentecost.

전능하신 하나님, 옛 예언자는 하나님이 백성을 위해 새로운 것을 행하시고 모두에게 성령을 부어 주실 날에 대해 말했습니다. 오순절날 당신의 교회에 그날이 나타났음에 하나님을 찬양합니다.

O God, who on the day of Pentecost enabled Your Spirit-filled people so to bear witness to their Lord that men of different races heard the good news in their mother tongue: baptize Your Church today with the same Spirit of power, that it may fulfil its mission to preach the gospel to the whole creation and all the peoples of the world may learn of Christ in their own language, to the glory of His name.

오 하나님, 주님은 오순절날 성령 충만한 사람들이 주님을 증거하는 사명을 갖게 하셔서 다른 인종 사람들이 그들의 모국어로 복음을 듣게 하셨습니다. 똑같은 성령의 능력으로 오늘날 교회에 세례를 주셔서, 교회가 모든 창조물에게 복음을 전함으로 그 임무를 이행하고 세상의 모든 사람들이 그들의 언어로 그리스도를 배우도록 하옵소서. 영광스러운 그리스도의 이름으로 기도드립니다.

Heavenly Father, by the power of Your Holy Spirit set our hearts on fire with a new love for Christ, that we may be alive to the opportunities of these times and bear our witness with urgency and zeal.

하늘에 계신 아버지, 거룩하신 성령의 능력으로 저희 마음을 그리스도에 대한 새로운 사랑으로 불타게 하셔서, 저희가 이 시대의 기회에 민감하고, 절박함과 열심으로 복음을 전하게 하옵소서.

We praise You, O God, for the fellowship of the Spirit, who unites us in the bond of peace as members of the one Body. Deepen our communion one with another in Christ, and grant that through Your Spirit continually working in us we may daily increase in the knowledge of Your love, and learn to love our brethren with the love You have shown to us in Jesus Christ our Lord.

오 하나님, 한 몸의 지체로 평화의 띠 안에서 저희를 하나 되게 하시는 성령과의 교제로 인해 당신을 찬양합니다. 그리스도 안에서 저희의 교제를 깊게 하시고, 성령을 통해 계속 저희 안에서 역사하시면서 저희가 매일 당신의 사랑을 더 잘 알아 가고, 우리 주 예수 그리스도 안에서 당신이 보여 주신 사랑으로 형제 사랑하기를 배우도록 하옵소서.

127

"When the Spirit of truth comes, He will guide You into all the truth." So, Lord Jesus, You have promised, and so we believe. Open our hearts to receive the Spirit in all His gracious fullness, and make us sensitive to His guidance, that we may know Your mind and do Your will, for Your name's sake.

"진리의 성령이 오시면 그가 너희를 모든 진리로 인도할 것이다."라고 약속하셨던 주 예수님. 그래서 저희도 그렇게 믿습니다. 그의 충만한 은혜 가운데 저희 마음을 열고 성령을 받아들이게 하옵시며, 그의 인도하심에 민감하게 하옵소서. 그래서 저희가 당신의 생각을 알고 당신의 뜻을 행하게 하옵소서. 당신의 이름으로 기도드립니다.

Holy Spirit, Lord God, giver of life, come to us as a refreshing and strengthening power. Purge out of our lives all that denies Your inspiration. Keep us alert to Your challenges. Let us be open to Your new demands in the world and in the Church. Give us humility that we may see the vision, and trusting in Your power may commit ourselves to it, in the name of Christ our Lord.

거룩하신 성령님, 주 하나님, 생명을 주신 분이여, 새롭고 강한 힘으로 저희에게 임하시옵소서. 당신의 영감을 거부하는 저희의 삶을 깨끗게 하옵소서. 저희가 당신의 도전에 민첩하도록 지켜주옵소서. 저희가 세상과 교회에 대한 당신의 새로운 명령에 열려 있게 하옵소서. 저희에게 이상을 보는 겸손함을 주시고, 당신의 능력 안에서 신뢰하며 저희 자신을 (그 이상에) 헌신하도록 하옵소서. 우리 주 그리스도의 이름으로 기도드립니다.

Harvest Thanksgiving · 추수 감사절

God our Father, we thank You for world and for all Your gifts to us: for the sky above, the earth beneath our feet, and the wonderful process which provides food to maintain life. We thank You for our crops, and for the skills and techniques needed to grow and use them properly. Help us to use Your gifts in the spirit of the giver, through Jesus Christ our Lord.

하나님 우리 아버지, 세상과 당신이 저희에게 주신 모든 선물에 감사합니다. 저 위의 하늘, 발 밑의 지구, 그리고 생명을 유지하도록 음식을 공급하는 훌륭한 과정에 대해 감사합니다. 농작물과 그것들을 자라게 하고 적절히 사용하는 데 필요한 솜씨와 기술을 주셔서 감사합니다. 저희가 주는 자의 마음으로 당신의 선물을 사용하도록 도와 주옵소서. 우리 주 예수 그리스도의 이름으로 기도드립니다.

At this harvest time, Lord God, we acknowledge that all good gifts around us are sent from heaven above. Help us to receive them gratefully, to use them wisely and to share them unselfishly, as good stewards of Your bounty, for the sake of our Saviour Jesus Christ.

주 하나님, 이 추수 때에 저희 주위의 모든 좋은 선물들이 하늘 위에서 보내졌음을 깨닫습니다. 당신의 하사품을 관리하는 선한 청지기로서 그것들을 감사한 마음으로 받고 지혜롭게 사용하며 이기심 없이 나누도록 도와 주옵소서. 우리의 구원자 예수 그리스도의 이름으로 기도드립니다.

Teenagers' Prayer
십대들의 기도

When You Need Help • 도움이 필요할 때

Dear Lord, help me to be strong. Give me courage to face the future and to accomplish Your plan for my life. Let me see the pitfalls and other dangers, so I can avoid them. Keep my soul free from sin, my mind clear of evil thoughts and my body free from temptation. In Your name, Amen.

사랑하는 주님, 제가 강해질 수 있도록 도와 주세요. 미래에 맞서 제 인생을 위한 당신의 계획을 완수할 수 있는 용기를 주세요. 함정과 위험들을 잘 살피고 피할 수 있게 해 주세요. 저의 영혼을 죄로부터 자유롭게 하시며 저의 마음을 악한 생각으로부터 깨끗하게 하시며 저의 몸을 유혹으로부터 멀어지게 해 주세요. 주님의 이름으로 기도드립니다. 아멘.

Lord, are You really there? Please listen to me. I am confused and worried. I don't know what or who to believe. Do You hear me, understand me and care for me? Please help me Lord. Thank You. Amen.

133

주님, 당신은 정말 살아 계십니까? 저의 기도를 들어 주세요. 저는 혼돈스럽고 걱정됩니다. 저는 무엇을 믿어야 할지, 누구를 믿어야 할지 모르겠습니다. 주님은 저의 기도를 들으시고 저를 이해하시며 또한 저를 돌보시는지요? 주님, 저를 도와 주세요. 감사합니다. 아멘.

Help me to keep my eyes fixed on You, Lord. Don't let me be distracted by anything else. If I live by faith, I know everything will turn out fine in the end.

주님, 제 눈이 당신만 바라보게 해 주세요. 제가 그밖에 다른 것으로 인해 마음이 산란하게 되지 않게 해 주세요. 믿음으로 산다면 모든 일이 결국 잘될 것이라고 믿습니다.

Lord, my life is full of upset. I often wonder if You are really listening. Please help me to be patient to listen to You. Please relieve me of any worries in my mind and help me to have faith in You and know You are always listening to my prayer.

주님, 저의 인생은 정말 엉망입니다. 저는 주님이 정말 제 기도를 듣고 계신지 가끔 의심스러워요. 제가 당신의 음성을 들을 수 있는 인내를 갖도록 도와 주세요. 제 마음속에 있는 모든 걱정들을 덜어 주시며, 믿음을 갖게 해 주셔서 주님이 저의 기도를 항상 듣고 계심을 알게 해 주세요.

Lord, I feel lonely and unloved by eneryone. Help me to realize Your love is everlasting and will never leave me. Help me also to feel your presence so that I can come through this hard time with your help.

주님, 외롭고 아무도 저를 사랑하지 않는 것 같아요. 당신의 사랑은 영원하며 저를 절대 떠나지 않는다는 것을 깨닫게 해 주세요. 또한 당신의 임재를 느끼며 당신의 도움으로 이 어려운 때를 잘 감당할 수 있도록 해 주세요.

Lord, when I need You, be by my side to guide me. Hold me in Your tender hands. Draw me to Your kingdom and keep me ever faithful. Amen.

주님, 제가 당신이 필요할 때 제 옆에 계셔서 인도해 주세요. 당신의 부드러운 손으로 저를 붙잡아 주세요. 저를 주님의 나라로 이끌어 주시고 변함없는 믿음을 갖게 지켜 주세요. 아멘.

Lord, help us to realize how much You really love us by giving us friends, families and other wonders of Your creation. Bring us back to Your way of truth and love, when we stray from Your path.

주님, 당신이 저희를 얼마나 사랑하시는지 깨닫게 해 주세요. 주님은 저희에게 친구와 가족과 당신의 놀라운 창조물들을 주셨습니다. 저희가 주의 길에서 벗어나 방황할 때 저희를 다시 주의 진리와 사랑의 길로 데려가 주세요.

W hen You Want to Say Thanks
• 감사하고 싶을 때

Thank You Lord for being there to help and comfort me. If I'm in trouble, there You'll be. Your're always there to guide.

주님, 함께 계셔서 저를 도와 주시고 위로해 주시니 감사합니다. 제가 곤경에 빠지면 당신은 같이 계셔 주실 것입니다. 당신은 항상 저를 인도해 주실 것입니다.

Lord God, thank You for all Your blessings; for life and health, for laughter and fun, for our homes and the love of dear ones, for everything that is beautiful, good and true. Above all we thank You for giving Your Son to be our Saviour.

주 하나님, 당신의 모든 은총에 감사합니다. 생명과 건강을 주시니 감사합니다. 웃음과 즐거움을 주시니 감사합니다. 저희 가정과 사랑하는 사람들을 주시니 감사합니다. 모든 아름다운 것과 선과 진리를 주시니 감사합니다. 무엇보다도 당신의 아들을 저희의 구원자로 주심을 감사합니다.

Dear God, the Bible tells us to be joyful. Help us to be glad You are in us and around us. You, Lord are the fountain of love which never ceases. Thank You. Because of You we know that whenever we need a friend or guidance You will always be by our side. You are always ready to listen or to pick us when we are down. We thank You. Amen.

사랑하는 하나님, 성경은 저희에게 기뻐하라고 했어요. 당신이 저희 안에 계시며 함께 계심을 기뻐하게 도와 주세요. 주님은 끊임없이 솟는 사랑의 샘입니다. 감사합니다. 저희가 친구나 인도자가 필요할 때면 언제든지 저희 옆에 계심을 압니다. 저희가 우울할 때 주님은 언제나 저희의 말을 들어주시고 격려해 주실 준비가 되어 있는 분이시기에 당신께 감사합니다. 아멘.

Thank You, Father, for all You've done for us. Thank You that Your Son went through all the agony and pain of the cross to save us from our sins. Thank You that You care for us as Your children. Thank You that You love us, and know us. Help us, Lord, to get to know You better. Thank you that You have sent us Your Holy Spirit to guide us. Please fill us with Your Spirit, Lord. Thank You for everything. Amen.

아버지, 저희들을 위해 해 주신 모든 것에 대해 감사드립니다. 당신의 아들께서 저희들을 죄로부터 구하시기 위해 모든 괴로움과 십자가의 고통을 겪으신 것에 감사합니다. 저희들을 주님의 친 자녀같이 돌봐 주시니 감사합니다. 저희를 사랑해 주시고 저희를 알아주시니 감사합니다. 주님, 저희가 당신을 더 잘 알도록

도와 주세요. 저희에게 성령님을 보내 주셔서 저희를 인도해 주
시니 감사합니다. 저희를 성령으로 채워 주세요, 주님. 모든 것
을 감사드립니다. 아멘.

Dear Lord God, I thank You that You are always with me
when I need You, always willing to listen to when I am
talking and always speaking to me when I need talking
to. Amen.

사랑하는 주 하나님, 당신이 필요할 때 항상 같이 계심을 감사드
립니다. 제가 말할 때 항상 기꺼이 들어 주시고 제가 대화하고
싶을 때 항상 이야기해 주시니 감사합니다. 아멘.

Lord, thank You for putting us in this world to serve and
love You. Amen.

주님, 저희를 이 세상에 있게 하셔서 당신을 섬기고 사랑하게 해
주셔서 감사합니다. 아멘.

Dear Lord, thank You for giving us this day, our family
and friends. Help us to make the right decisions for
others and for ourselves. Help us to be kind and good
and always have faith in You. Give suffering people
courage and strength, and help them to start new lives.
Make us pure and forgive us our sins, so that we may be
like You! Amen.

사랑하는 주님, 저희에게 이 날을 주시고 가족과 친구들을 주시
니 감사합니다. 저희가 다른 이들과 저희 자신을 위해 올바른 결

정을 내리도록 도와 주세요. 저희가 친절하고 선하며 항상 당신에 대한 믿음을 갖도록 도와 주세요. 고통당하는 사람들에게 용기와 힘을 주시고 그들이 새 삶을 시작하도록 도와 주세요. 저희를 깨끗하게 하시고 저희의 죄를 용서해 주세요. 그래서 당신을 닮게 해 주세요. 아멘.

When You Feel Guilty · 죄의식을 느낄 때

Lord, I know I've done things wrong. It is hard to live with myself. I want to ask for your forgiveness. May I start again to live in the right path.

주님, 제가 잘못한 것을 알아요. 제 자신과 살기가 힘들어요. 당신의 용서를 간절히 구합니다. 제가 다시 올바른 삶을 시작하게 해 주세요.

We confess our weakness in not observing Your example. We feel guilty and ashamed at the wrongs we have done. Forgive us and guide us away from sin.

당신을 따라가지 못하는 저희의 약함을 고백합니다. 저희가 한 잘못에 죄의식을 느끼며 부끄러움을 느낍니다. 저희를 용서해 주시고 죄로부터 멀리 인도해 주세요.

Dear Lord, please cleanse me from my sins and forgive me for my wrong-doings. I am truly sorry.

사랑하는 주님, 저를 죄로부터 깨끗하게 하시고 저의 잘못을 용서해 주세요. 진실로 죄송합니다.

Dear Lord, when we have done wrong, the burden of guilt is like a heavy stone on our shoulders. You take this heavy burden away when we ask for Your forgiveness. Please help us not to do things which will cause a terrible of guilt. Help us to follow Your path of love and truth. Amen.

사랑하는 주님, 저희가 잘못했을 때면 죄의 짐이 어깨에 지워진 무거운 돌덩어리 같아요. 저희가 당신께 용서를 빌면 당신은 이 무거운 짐을 다 들어 주셨어요. 심한 죄의식을 갖게 하는 것들을 하지 않도록 도와 주세요. 당신께서 가신 사랑과 진리의 길을 따라가도록 해 주세요. 아멘.

Lord, please help us not to sin or lie or cheat. Amen.

주님, 저희가 죄를 짓지 말며, 거짓말을 하거나 속이지 않도록 도와 주세요. 아멘.

When You Feel Lonely • 외로울 때

Lord, friend to everyone. Comfort me when I feel lonely and discouraged. Please help me to realize that I am not alone but always in You.

모든 이에게 친구이신 주님, 제가 외롭거나 용기를 잃었을 때 저를 위로해 주세요. 제가 혼자가 아니며 항상 주 안에 있음을 깨닫게 해 주세요.

Dear Lord, thanks for always being there when we need You. Help those who don't know that You care for them and that You are always there. For those people who stand in the corner of the playground, who sit on their own in class, who go home to an empty house, who have no one to talk to and are lonely, Lord help them. Help us to be friendly, kind, to talk to them, not ignore them.

사랑하는 주님, 저희가 당신을 필요로 할 때 항상 거기 계시니 감사드립니다. 당신이 돌봐 주시며 항상 같이 계신다는 것을 모르는 이들을 도와 주세요. 놀이터 구석에 서 있는 아이, 교실에 혼자 앉아 있는 아이, 식구 없는 빈집에 들어가야 하는 아이, 아무도 이야기할 자가 없어 외롭게 된 아이를 도와 주세요, 주님. 저희가 그들에게 정답고 친절하게 대하며, 이야기의 대상이 되고, 그들을 무시하지 않도록 해 주세요.

Dear God, when I feel lonely or depressed, help me to remember that You are with me wherever I am. You always know what I am thinking and doing, so help me to feel Your presence all of the time. Help me realize that You love me.

사랑하는 하나님, 제가 외롭고 우울할 때 제가 어디에 있든지 주님이 저와 함께 계신다는 것을 기억하게 해 주세요. 당신은 제가 생각하는 것과 행동하는 것을 언제나 알고 계십니다. 그러니 당신의 임재를 항상 느낄 수 있도록 도와 주세요. 당신이 저를 사랑함을 깨닫게 해 주세요.

Lord, I'm lonely and I don't know who to turn to. I ask You to be with me. To be alone is terrifying and everyone needs love. Comfort us, Lord, for Jesus' sake. Amen.

주님, 저는 외롭고 누구에게 의지해야 할지 모르겠어요. 저와 함께해 주세요. 혼자 있는 것은 무서워요. 모든 사람들은 사랑이 필요해요. 제발 저를 위로해 주세요, 주님. 예수님의 이름으로 기도드려요. 아멘.

Dear Father, when I am feeling lonely, please help me to find friendship. When I feel neglected and out of place, plase help me to remember You are there. When I feel a misfit, or visit an unfamiliar place, please remind me, O Lord, that I will never be alone. Please help me to welcome those who are lonely.

사랑하는 아버지, 제가 외로울 때 친구를 만나게 해 주세요. 제가 무시당하는 것 같고 어울리지 못할 때 당신이 거기에 계심을 기억하게 해 주세요. 제가 잘 안 맞고 낯선 곳에 간 것 같은 마음이 들 때 제가 절대 혼자가 아님을 생각나게 해 주세요. 오 주님. 제가 외로워하는 자들을 잘 맞아들이도록 도와 주세요.

When You Feel Depressed · 우울할 때

Thank You Lord that You are always there when I feel sad or let down, because I know that You will never let me down. When life seems unfair, I can always depend on You for Your guidance and support to help me through difficult situations. Amen.

주님, 제가 슬프거나 실망했을 때 항상 함께하심을 감사합니다. 왜냐하면 당신은 저를 절대 실망시키지 않으신다는 것을 알기 때문입니다. 삶이 불공평하다고 느껴질 때 언제나 당신을 의지할 수 있습니다. 주의 인도하심과 도움이 어려운 상황을 감당할 수 있도록 해 주기 때문입니다. 아멘.

Dear Lord, there are times in our lives when we feel lonely and depressed. Help to guide through these dark times in our lives. When we are depressed remind us of that special love You have for all of us. You love us so much that You died for us. Help us to remember this and to know that You will always be with us whatever happens in our lives. Amen.

사랑하는 주님, 인생을 살면서 외롭고 우울함을 느낄 때가 있습니다. 저희 인생의 이런 어두운 시간들을 잘 감당하도록 인도해 주세요. 저희가 우울할 때 당신이 저희들을 위해 하신 특별한 사 랑이 있음을 생각나게 해 주세요. 당신은 저희를 너무도 사랑하 셔서 저희를 위해 죽으셨습니다. 이것을 기억나게 해 주시고 저 희 삶에 어떤 일이 일어나든지 주님께서 저희와 항상 함께하신다 는 것을 알게 해 주세요. 아멘.

Dear Lord, when I feel depressed and think that nobody cares about me, help me to realize that there are many people around me who can help and who love me just like You do. Help me to turn to them and to You, when times are rough. Through Your name I ask it. Amen.

사랑하는 주님, 제가 우울한 것 같고 아무도 저를 좋아하지 않는 다고 생각할 때 제 주위에 많은 사람들이 저를 도와 주고 주님이 하신 것처럼 저를 사랑함을 깨닫게 해 주세요. 힘들 때에 그들에 게 의지하고 당신에게 의지하게 해 주세요. 주님의 이름으로 기 도합니다. 아멘.

Lord, I am sad. I am crying. Help me to overcome depression. Please lift my thought, and spirit up so I can do Your work. Amen.

주님, 저 슬퍼요. 울고 있어요. 이 울적함을 견뎌 내게 도와 주세 요. 저의 생각과 영을 높이 올려 당신의 일을 할 수 있도록 해 주 세요. 아멘.

When You Want to Praise God
• 찬양하고 싶을 때

Dear Lord, at this present time I feel so close to You. I can feel You in my life. Now I want to celebrate, for Your love is strong. You still love me and I am grateful for that. I am so glad that I have opened my heart for You. Without You, there would be no point for me to go on living. I want to tell everyone of Your love so they can feel the warmth and security that I can feel at this time. Thank You, Lord and help me to remember that You are always there with me. Amen.

사랑하는 주님, 전 지금 당신에게 무척 가까움을 느껴요. 주님이 제 삶 안에 계심을 느낄 수 있어요. 당신의 사랑이 강하기 때문에 지금 축제를 열고 싶어요. 주님은 아직도 저를 사랑하시며 그 점에 대해 크게 감사하게 생각해요. 제가 주님께 마음 문을 열게 된 것이 정말 기뻐요. 당신이 안 계시다면, 더 살 이유가 없을 것입니다. 모든 사람들에게 당신의 사랑을 말하고 싶어요. 그래서 그들도 제가 지금 느끼고 있는 따뜻함과 보호를 느낄 수 있게 말예요. 주님, 감사합니다. 당신이 저와 함께 계심을 항상 기억하도록 저를 도와 주세요. 아멘.

Dear Lord, we thank You for the power and love You give us. May we recognize how much You help us in everything we do and may we be content with all that we have and not always ask for more, as You give us all that we need. Amen.

사랑하는 주님, 당신이 주신 능력과 사랑에 감사합니다. 당신이 얼마나 저희가 하는 모든 것들을 도와 주시는지 알게 해 주세요. 그리고 저희가 가지고 있는 것에 만족하게 하시고 더 이상 요구 하지 않게 해 주세요. 당신께서는 저희가 필요한 모든 것을 주시 기 때문입니다. 아멘.

Dear Lord, we celebrate all the things You have given to us; heaven and earth, family and church. Teach us to love the people in the world.

사랑하는 주님, 저희에게 주신 모든 것들, 즉 하늘과 땅, 가족과 교회 등으로 해서 찬양합니다. 이 세상 사람들을 사랑하도록 가 르쳐 주세요.

When Your Life Is Really Difficult
• 인생이 참으로 어려울 때

Dear Lord, I am finding life hard and frustrating. Nothing seems to work out right. I pray that Your love and strength will sustain me through this time and that Your Spirit will guide me so that I become aware of Your will and fulfil it to the best of my ability. Amen.

사랑하는 주님, 삶이 힘들고 좌절감을 느낍니다. 어느 것도 잘되는 것이 없는 것 같아요. 당신의 사랑과 힘으로 이 (어려운) 동안 도와 주세요. 그리고 성령께서 저를 인도하셔서 당신의 뜻을 깨닫고 그 뜻을 저의 최선을 다해 완수하게 해 주세요. 아멘.

Dear Lord, we cannot possibly understand You fully, or comprehend the ways in which You work. When we are depressed, help us always to remember that You want what is best for us. Sometimes, the things we worry over turn out to be Your way of bringing us closer to You. However sad or worried we are, and however far we drift away from You, Your constant love is always there to aid us and bring us back into Your presence. Amen.

사랑하는 주님, 저희는 도저히 당신을 온전히 이해할 수 없고 주

149

님이 일하시는 방법도 이해할 수가 없어요. 저희가 우울할 때 주
님은 저희를 위해 가장 좋은 것을 원하신다는 것을 항상 기억하
게 도와 주세요. 어떤 때는 저희가 걱정하는 것들이 저희를 당신
에게 더 가깝게 가게 하기 위한 주님의 방법이었어요. 저희가 어
떻게 슬프고 걱정하든지, 얼마나 멀리 주님으로부터 떠나가든지,
주님의 변하지 않는 사랑은 항상 저희를 도와 주시고 주님이 계
신 곳으로 돌아가게 해 주십니다. 아멘.

Dear Lord, please help us to know that whatever
problems we may have, we can always rely on You to
help us. May we confide everything to You with open
hearts and trust You to show us Your unfailing love in
our times of need. Amen.

사랑하는 주님, 저희가 어떤 문제를 갖고 있다 하더라도 저희를
도와 주시는 당신을 항상 의지할 수 있음을 알도록 해 주세요.
마음을 열고 당신께 모든 것을 털어놓을 수 있게 해 주시고 저희
가 필요할 때에 당신이 끊임없는 사랑을 보여 주신다는 것을 믿
게 해 주세요. 아멘.

Father, my life is turning out a mess. Sometimes I wish I
could just fall asleep and never wake up. But that would
be a waste because You have given us one life. Lord, help
me to steer into a happy one. Amen.

아버지, 제 삶이 엉망으로 되고 있어요. 가끔 깊은 잠이 들어 깨
어나지 않았으면 할 때가 있어요. 하지만 그것은 낭비일 거예요.
왜냐하면 주님께선 저희에게 하나의 삶만을 주셨잖아요. 주님,
저를 행복한 자가 되게 도와 주세요. 아멘.

Lord, times are difficult. I need You, Lord. I need to know that You are near, that You are watching over me and most of all that You love me. Please guide me in everything that I say and do. Thank You. Amen.

주님, 힘들어요. 주님, 당신이 필요해요. 당신이 제 곁에 계시다는 것, 당신이 저를 지켜보고 계시다는 것, 또 무엇보다도 당신이 저를 사랑하신다는 것을 알 필요가 있어요. 제가 말하고 행동하는 모든 것을 인도해 주세요. 감사합니다. 아멘.

Lord, thank You that You are always with me, especially when I am going through difficulty. I thank You, Lord, that Jesus experienced the difficulties of life when He came to live on earth, and experienced suffering when separated from Father. I pray that You will guide me and lead me always, especially now. Amen.

주님, 저와 항상 함께하심을 감사합니다. 특히 제가 힘들 때에 함께하심을 감사합니다. 예수님께서도 이 땅에 오셔 사실 때 힘든 생활을 경험하시고 (하나님) 아버지와 헤어졌을 때 고통을 경험하신 것을 감사합니다. 주님, 저를 인도하시고 항상 이끌어 주시기를 기도합니다. 특별히 지금 그렇게 해 주세요. 아멘.

Remove us, Lord, from the cynicism and hypocrisy of our secular preoccupations. Give us true faith which consists of sincerity in our love for all that is good, and for all that You have done for us. Just as Your Son Jesus rose from the grave, give us the courage to rise from all the pride and pretense. Help us to expose your true light,

151

through our faith.

냉소적이고 위선적인 세상적 선입관에서 벗어나게 해 주세요. 주님. 모든 선한 것과 저희를 위해 당신이 행하신 것에 대한 저희의 사랑에 진심이 담긴 진정한 믿음이 있게 해 주세요. 당신의 아들 예수님께서 죽음에서 살아나신 것처럼 모든 자만과 허세를 떨치고 되살아날 수 있는 용기를 주세요. 저희의 믿음을 통해 당신의 진실된 빛이 드러나도록 도와 주세요.

O Lord, You have searched me and You known me.
You know when I sit and when I rise.
You perceive my thoughts from far away.
You discern my going out and my lying down.
You are familiar with all my ways.
Before a word is on my tongue,
You know it completely, O Lord.
You hem me in - behind and before.
You have laid Your hand upon me.
Such knowledge is too wonderful for me,
too lofty for me to attain.
Where can I go from Your Spirit?
Where can I flee from Your presence?
If I go up to the heavens, You are there.
If I make my bed in the depths, You are there.
If I rise on the wings of the dawn,
if I settle on the far side of the sea,
even there Your hand will guide me.
Your right hand will hold me fast.
…

How precious to me are Your thoughts, O God!
How vast is the sum of them!
Were I to count them,
they would out number the grains of sand.
When I awake, I am still with You.
...

Search me, O God, and know my heart.
Test me and know my anxious thoughts.
See if there is any offensive way in me.
And lead me in the way everlasting. Amen. (Psalms 139)

여호와여 주께서 나를 감찰하시고 아셨나이다
주께서 나의 앉고 일어섬을 아시며
멀리서도 나의 생각을 통촉하시오며
나의 길과 눕는 것을 감찰하시며
나의 모든 행위를 익히 아시오니
여호와여 내 혀의 말을 알지 못하시는 것이 하나도 없으시니이다
주께서 나의 전후를 두르시며 내게 안수하셨나이다
이 지식이 내게 너무 기이하니 높아서
내가 능히 미치지 못하나이다
내가 주의 신을 떠나 어디로 가며
주의 앞에서 어디로 피하리이까
내가 하늘에 올라갈지라도 거기 계시며
음부에 내 자리를 펼지라도 거기 계시니이다
내가 새벽 날개를 치며 바다 끝에 가서 거할지라도
곧 거기서도 주의 손이 나를 인도하시며
주의 오른손이 나를 붙드시리이다
...
하나님이여 주의 생각이 내게 어찌 그리 보배로우신지요

그 수가 어찌 그리 많은지요
내가 세려고 할지라도 그 수가 모래보다 많도소이다
내가 깰 때에도 오히려 주와 함께 있나이다
…
하나님이여 나를 살피사 내 마음을 아시며
나를 시험하사 내 뜻을 아옵소서
내게 무슨 악한 행위가 있나 보시고
나를 영원한 길로 인도하소서 아멘 (시편 139편)

When You Take Exams • 시험을 볼 때

I pray that in the coming exams You will keep me calm
and bring back to my mind all that I have learned.

다가오는 시험 때에 주님께서 저를 안정시켜 주시고 제가 배운
모든 것들을 기억나게 해 주시기를 기도합니다.

Dear Lord, help me when I feel panicky about my exams.
Help me to realize that it only matters if the mark is good
for me, not for anybody else. Do not let our parents get
us down, saying we must get at least 95% in every
subject in exchange for a new bike.

사랑하는 주님, 제가 시험에 대해 당황스러워할 때 도와 주세요.
성적은 저를 위한 것이지 다른 사람을 위한 것이 아니라는 것을
깨닫도록 해 주세요. 저희 부모님이 모든 과목마다 95점 이상을
받으면 자전거를 사 주시겠다고 하는데 그런 부모님이 저희를 피
로하지 않게 해 주세요.

Dear Lord, when I take exams, let me go the extra mile
with revision. I know that if I fail You will be there to say
I haven't. When I'm feeling down about exams, please
cheer me up. Thank You, Lord.

사랑하는 주님, 제가 시험 볼 때 복습을 많이 할 수 있도록 해 주세요. 제가 실패하면 주님께서 제가 (공부를) 안 했다고 말씀하실 것을 압니다. 제가 시험 때문에 좌절하면 저를 격려해 주세요. 감사합니다, 주님.

Dear Lord, I have just had my exams, which I did't enjoy, but You got me through them. You gave me the strength I needed and now I want to celebrate because I actually passed. I feel as if it were all worth it after all. Thank You for Your strength. Amen.

사랑하는 주님, 방금 시험을 봤어요. 즐거운 것은 아니었지만 주님은 제가 시험을 다 치르도록 해 주셨어요. 제가 필요했던 힘을 주셨고 전 지금 축하하고 싶어요. 저 정말 시험에 붙었거든요. 지나고 보니 모든 것이 다 가치 있었던 것처럼 느껴져요. 주님의 능력에 감사합니다. 아멘.

Lord, my heart is pulsating and my tummy is quivering and my mind is whirring. Refresh me with Your peace. I pray that as my exams approach, I may feel calm. Let Your peace shine through me. Help me not to worry, Lord. If my grades are good, help me not to be proud of it. If my grades are bad, help me not to despair.

주님, 제 심장이 막 떨리고 배 안이 뒤틀리고 제 마음은 빙빙 돌고 있어요. 주님의 평안으로 저를 새롭게 해 주세요. 시험을 보게 될 때 저를 진정시켜 주시기를 기도합니다. 당신의 평안이 저에게 비춰지게 해 주세요. 주님, 걱정하지 않도록 도와 주세요. 만약 제 성적이 좋다면 교만하지 않게 하시고, 성적이 나빠도 절망하지 않도록 해 주세요.

Dear God, please help me through my exams. Stop me from cheating which wouldn't be right. I am hopeless at the moment, but would be more assured if I can pray. Amen.

사랑하는 하나님, 시험을 잘 보도록 도와 주세요. 옳은 일이 아닌 커닝을 하지 않도록 해 주세요. 지금은 소망이 없지만 제가 기도한다면 자신감을 가질 것 같아요. 아멘.

Guide and help me through these exams so that I may do justice to all I have learned, Lord. I dedicate them to You and pray that I do them for Your glory and not my own. I pray for everyone doing exams and that You may guide and help all of them.

주님, 이 시험을 잘 치르도록 지도해 주시고 도와 주세요. 그래서 제가 배운 모든 것을 평가하게 해주세요. 이 시험들을 주님께 맡깁니다. 그리고 제 자신을 위해서가 아니라 주님의 영광을 위해서 시험을 치르기를 기도드립니다. 시험을 치르는 모든 사람들을 위해 기도하오니 주님께서 그들을 지도하고 도와 주옵소서.

Dear God, help me in my exams. Help me to understand the questions. Amen.

사랑하는 하나님, 제가 시험을 보는 데 도와 주세요. 문제들을 잘 이해하도록 도와 주세요. 아멘.

When You Worry about Others
• 타인에 대해 걱정할 때

Lord, some people really suffer because of something physically wrong with them and others suffer just as badly because of some mental disability. We know that with You we can help these people to fight their disability or illness. Strengthen us so that when we know someone who has something wrong with them we may have the faith to help them in whatever way you show us. Amen.

주님, 어떤 사람들은 신체적으로 뭔가 이상이 있어 매우 고통스러워하며 어떤 사람들은 정신적 불구로 심한 고통을 당하고 있습니다. 주님이 함께하신다면 저희가 이들이 불구나 병과 싸우도록 도울 수 있다는 것을 압니다. 저희들에게 힘을 주셔서, 저희가 이상이 있는 사람들을 알 때 주님께서 저희에게 보여 주신 대로 저희가 그들을 도와 줄 수 있는 믿음을 갖도록 해 주세요. 아멘.

Lord, we think of young people all around the world, especially those who don't know You, who don't have the opportunities to grow in Your love. Help us, Lord, to share with others the knowledge of Your presence in our lives. There is still so much about You we have yet to discover. Give us the courage, Lord, to know You more and to show our faith in our everyday lives. Amen.

주님, 온 세상에 있는 청년들을 생각해 봅니다. 특히 주님을 모르고 주님의 사랑 안에서 자랄 기회가 없는 젊은이들을 생각해 봅니다. 주님, 저희 삶 가운데 있는 주님의 임재를 아는 지식을 그들과 나누도록 도와 주세요. 주님에 대해 저희가 발견하지 못한 것들이 아직 많이 있습니다. 주님, 저희에게 용기를 주셔서 주님을 더 알게 하시고 저희 일상 생활 안에서 저희의 믿음을 보여주게 해 주세요. 아멘.

Father, I thank You for my friends. Teach me how to love and how to be gentle and sincere. Give me strength to be there when my friends need me. Help me to help them through their troubles. Speak through me so that I can be sure that what I say is of use.

아버지, 제게 친구들을 주셔서 감사드립니다. 어떻게 사랑하고 부드럽게 대하며 진실하게 대할지 제게 가르쳐 주세요. 제 친구가 저를 필요로 할 때 그 곁에 있을 수 있는 힘을 주세요. 제가 그들이 어려움을 잘 감당하도록 도울 수 있게 해 주세요. 제 안에서 말씀하셔서 제가 유익한 말을 꼭 할 수 있도록 해 주세요.

Father, there are times when I act by instinct and not by thought. But there are other times when I act on purpose to hurt. I am sorry for those times, help me to think and help rather than hurt those who are my friends.

아버지, 제가 가끔 생각 없이 본능적으로 행동할 때가 있어요.

그런데 또 어떤 때는 일부러 상처를 주는 행동을 할 때가 있어요. 죄송합니다. 제가 친구들에게 상처를 주기보다는 그들을 생각하고 도와 주도록 해 주세요.

Heavenly Father, I am praying for people who are ill. For people who do not have any money to buy food for their families. Those who do not have any family to turn to and who live on their own and have no one who cares about them. I also pray for those who are depressed or unhappy at this moment. For the children who have no moms or dads because they have died.

하늘에 계신 아버지, 병이 들어 아픈 사람들을 위해 기도합니다. 돈이 없어 가족을 위해 음식을 못 사는 사람들을 위해 기도합니다. 의지할 가족이 하나도 없어 혼자 살며 아무도 돌봐 주는 사람이 없는 자들을 위해 기도합니다. 또한 지금 이 시간 우울해져 있거나 불행한 사람들을 위해 기도합니다. 엄마 아빠가 돌아가셔서 안 계신 어린이들을 위해 기도합니다.

Lord, help us when we worry about others. Help us to comfort them. Help us to pray for them.

주님, 다른 이들을 걱정할 때 저희를 도와 주세요. 그들을 위로하도록 도와 주세요. 그들을 위해 기도하도록 도와 주세요.

When Someone Lets You Down
• 어떤 사람이 실망시킬 때

Dear Lord, why is not everyone in the world like You?
You know how much I am hurting inside and how
unwilling I am to forgive. Help me to remember the
sacrifice that You made for me by dying on the cross and
to see that in comparison my sacrifice is small. Lord, help
me to forgive those who have hurt me. Amen.

사랑하는 주님, 왜 이 세상 사람들이 당신 같지 않나요? 제 마음
이 얼마나 상처를 받고 있고 용서할 마음이 내키지 않는지 주님
은 아시죠. 주님께서 저를 위해 십자가에 돌아가신 그 희생을 기
억하게 하시고 저의 희생은 그것에 비하면 아주 작은 것임을 보
게 해 주세요. 주님, 저에게 상처를 준 자들을 용서하도록 도와
주세요. 아멘.

Dear Lord, as I speak to You now I feel hurt and
neglected. Please help me, Lord, to understand why I
was let down and help me to forgive them as You
forgave me. And fill me and them with Your everlasting
love. I ask this in Jesus' name. Amen.

사랑하는 주님, 지금 주님께 말하는 중에도 전 마음이 아프고 무

시당한 것 같아요. 주님, 제가 왜 낙담되는지 이해하게 해 주시고 주님이 저를 용서해 주셨듯이 저도 그들을 용서하게 도와 주세요. 그리고 저와 그들을 당신의 영원한 사랑으로 채워 주세요. 예수님의 이름으로 기도합니다. 아멘.

Dear God, when we are let down don't allow us to become bitter. Instead of turning away from someone, help us to see their reasons for doing what they did. You're the only one we can completely depend on. But don't let us dismiss others because of the human faults we all possess. Amen.

사랑하는 하나님, 저희가 낙담될 때 비통하게 되지 않게 해 주세요. 사람을 외면하는 대신 그 사람이 왜 그렇게 했는지 그 이유를 알게 해 주세요. 주님만이 오직 저희가 온전히 의지할 수 있는 분입니다. 하지만 저희 모두 갖고 있는 인간적인 잘못 때문에 사람들을 떠나게 하지 말아 주세요. 아멘.

Dear Lord, when someone lets us down it seems so hard to be able to forgive them. Please help us to be able to forgive and forget and to say sorry when we let others down. Amen.

사랑하는 주님, 누군가 저희를 실망시킬 때면 그들을 용서하기가 무척 어려운 것 같아요. 용서하고 잊어버릴 수 있도록 해 주시고 저희가 다른 이들을 실망시켰을 때는 미안하다는 말을 할 수 있게 해 주세요. 아멘.

Lord, I've been let down again. By one of my friends again. He forgot to turn up again. He was too busy again. Why is it so difficult for us to understand each other? Lord, I pray that I may be tolerant of my friend's shortcomings. Help me not to forget that I have just as many faults as anyone else. Teach us to be humble, Lord, and always to remember we are all equal in Your love. Amen.

주님, 저 또 낙담이 되고 있어요. 또 제 친구 중 하나 때문이에요. 그 친구는 또 나타나지 않았어요. 또 너무 바빴던 거예요. 왜 저희는 서로 이해하기가 이리도 힘든가요? 주님, 제가 제 친구의 결점에 대해 관대해지게 되길 기도드립니다. 저도 다른 사람만큼이나 많은 잘못을 했음을 잊지 않도록 해 주세요. 주님, 저희가 겸손해지고 또 주님의 사랑 안에서 저희 모두 같다는 것을 항상 기억하도록 가르쳐 주세요. 아멘.

When You Have Doubts • 의심이 생길 때

Dear God, we all find things hard to believe, and our minds are filled with doubts. Is there really a God? Did everything in the Bible really happen? Why do we believe in something we cannot see? God, You know that we do have faith, but the world's temptations often steer us away. Guide us away from those temptations. Fill us with Your Holy Spirit to help us to answer our doubts and strengthen our faith and love for You and each other. Amen.

사랑하는 하나님, 저희 모두는 많은 것들이 믿기 어렵다는 것을 압니다. 저희 마음은 의심으로 꽉 차 있어요. 하나님이 정말 계신가요? 성경에 있는 모든 것이 정말 있었던 일인가요? 저희가 볼 수 없는 것들을 왜 믿나요? 하나님, 주님은 저희가 믿음이 있음을 아시나 세상의 유혹이 자주 저희들을 조종하네요. 저희를 그런 유혹으로부터 벗어나게 인도해 주세요. 저희를 성령으로 채워 주셔서, 저희가 의심스러운 것에 대해 답변하게 되며, 저희의 믿음과 주님과 저희 서로에 대한 사랑이 강하게 되도록 도와 주세요. 아멘.

Dear Lord, it is so easy to doubt You. There are so many

questions we want to ask. Help us trust in You so that in time we will find out the answers. In times of worry and trouble, when we need Your love the most, help us to feel Your presence.

사랑하는 주님, 주님을 의심하기가 정말 쉬워요. 주님께 묻고 싶은 것이 정말 많아요. 주님을 믿도록 도와 주셔서 저희가 곧 그 대답을 발견하도록 해 주세요. 걱정과 문제가 있어 주님의 사랑이 제일 필요할 때 주님의 임재를 느낄 수 있도록 도와 주세요.

Dear Lord, life is full of ups and downs and often I am filled with doubts. Help me to trust in You and to have a steady faith. Guide me through depressions and teach me to stand up against the forces of evil. I believe that nothing can separate me from Your love. In Jesus' name. Amen.

사랑하는 주님, 인생이란 늘 좋았다 나빴다 합니다. 그리고 자주 저는 의심으로 가득 차 있습니다. 주님을 믿게 도와 주시고 흔들리지 않는 믿음을 갖게 해 주세요. 우울함을 견디도록 지도해 주시고 마귀의 세력에 대항하도록 가르쳐 주세요. 그 어느 것도 주님의 사랑으로부터 저를 떼어놓을 수 없다는 것을 믿습니다. 예수님의 이름으로 기도드립니다. 아멘.

Dear God, in time of doubt, please act as our guide. When we are in darkness, then shine like a lamp to light the right path. Help and advise us when the answer to a problem seems unclear, for we would all be lost without You.

사랑하는 하나님, 저희가 의심이 생길 때면 저희의 인도자가 되어 주세요. 저희가 어둠 속에 있을 때, 그때는 바른 길을 밝히는 등처럼 빛을 비춰 주세요. 문제의 답이 확실하지 않을 때 저희를 도와 주시고 충고해 주세요. 주님이 없으면 저희는 엉망이 될 거예요.

Dear God, I know that I have my doubts about You. Often I am tempted to take the easy route, almost always the route away from You. Help me to grow in Your faith that I may make the right decisions and do Your work in the world for Your glory. In Jesus' name. Amen.

사랑하는 하나님, 주님에 대해 의심스러운 것이 많아요. 저는 쉬운 길을 가고자 하는 유혹을 자주 받는답니다. 그 길은 거의가 항상 주님으로부터 멀어지는 길이지요. 주님의 믿음 안에서 자라도록 도와 주셔서 제가 올바른 결정을 하고 당신의 영광을 위해 이 땅에서 주님의 일을 하게 해 주세요. 예수님의 이름으로 기도 드립니다. 아멘.

When You Don't Get Along with Parents
• 부모와 사이가 좋지 않을 때

Lord, help me to restrain my anger and frustration when I have been arguing with my parents. They seems to be so nasty and are always criticizing my actions. I know they are only trying to show me the right way to live. Help me to respect my parents.

주님, 부모님과 싸울 때 분노와 좌절감을 억제하도록 도와 주세요. 부모님은 정말 비열해 보이고 항상 저의 행동을 비난하는 것 같아요. 그분들은 단지 제가 옳은 길로 살도록 가르쳐 주시려고 그런다는 것을 알아요. 제가 부모님을 존경하도록 도와 주세요.

Dear God, please let my parents realize how much I love them and want to get along with them. I know I have been bad but they just don't understand my feelings. Amen.

사랑하는 하나님, 제가 저의 부모님을 얼마나 사랑하며 그들과 사이 좋게 잘 지내기를 얼마나 원하는지 부모님들이 알게 해 주세요. 제가 그 동안 나빴던 것은 알지만 부모님은 저의 마음을 정말 이해 못 하고 있어요. 아멘.

Lord, help us to get along with our parents at all times. When in time of stress let us be able to comfort each other. Help us to understand what they are feeling when we annoy them. Help us to obey them and not to answer back when told to do something we don't like. In Your name. Amen.

주님, 저희가 부모님과 항상 잘 지내도록 도와 주세요. 스트레스가 생기면 저희가 서로 위로해 줄 수 있도록 해 주세요. 저희가 부모님을 괴롭힐 때 부모님의 마음이 어떠한지 이해하게 해 주세요. 부모님께 순종하고 부모님이 저희가 싫어하는 것을 하라고 하실 때 말 대답을 하지 않도록 도와 주세요. 주님의 이름으로 기도드립니다. 아멘.

When You Are Afraid of the Future
• 미래에 대해 두려울 때

Dear Lord, when we are worried and afraid of the future, please guide us doing the right path and reassure us that You will look after us. Help us always to keep faith in You. Amen.

사랑하는 주님, 저희가 미래에 대해 걱정이 되고 두려울 때, 저희가 옳은 길로 가도록 지도해 주시고 주님이 저희를 돌봐 주실 것임을 다시 확신하도록 해 주세요. 주님 안에서 항상 믿음을 지키도록 도와 주세요. 아멘.

Dear God, when we are afraid of the future strengthen our hearts and minds, and give us courage to face up to whatever lieds ahead. Let us remember that You will always be there with us shining Your light before us. Amen.

사랑하는 하나님, 저희가 미래에 대해 걱정될 때, 저희의 마음과 생각을 강하게 해 주시고 앞에 어떤 것이 놓여 있다 할지라도 대면할 수 있는 용기를 주세요. 주님께서 언제나 저희에게 주님의 빛을 비추며 저희와 함께 계실 것임을 잊지 않게 해 주세요. 아멘.

Lord, please help me when I am afraid of the future to be guided by Your Word to walk ahead with confidence into the darkness. Give me courage to carry on and strength to take step after step until I emerge on the other side with Your love. Amen.

주님, 제가 미래에 대해 염려할 때 주님의 말씀으로 인도함 받게 하시며 어둠 속에서 자신감을 갖고 앞으로 걸어가도록 도와 주세요. 계속 나아갈 수 있는 용기와 주님의 사랑으로 (미래의) 어느 한편에 갈 때까지 착실하게 나아갈 수 있는 힘을 주세요.

Lord, help us to put our faith in You, and let us trust You to take care of our future. Whatever the situation let us look to the future hopefully, knowing that You will always be there to help us in times of trouble. Amen.

주님, 주님 안에서 믿음을 갖게 해 주세요. 저희의 미래를 보살펴 주시는 주님을 믿을 수 있도록 해 주세요. 어떠한 상황에 처하더라도 주님께서 어려울 때엔 도와 주시기 위해 저희와 항상 함께 계심을 알고 소망을 갖고 미래를 바라보도록 해 주세요. 아멘.

Christmas • 크리스마스

Dear God, at this special Christmas time help us to remember the truth behind the festival. We praise and thank You for sending Your Son to us. As He came in humility, may we remember those less fortunate and more humble than ourselves. Amen.

사랑하는 하나님, 이 특별한 성탄절날에 축제 뒤에 있는 진실을 기억하도록 도와 주세요. 하나님의 아들을 저희에게 보내 주신 것을 찬양하며 감사드립니다. 예수님께서 겸손하게 오셨듯이 저희가 저희보다 불행하고 비천한 사람들을 기억하도록 해 주세요. 아멘.

Lord, bless everyone this Christmas who won't be having a good time. People who are ill or in hospital. People who are on their own with no family. Fill their hearts with happiness so they can share in the true meaning of Christmas. In the name of Jesus. Amen.

주님, 이 성탄절날 좋은 시간을 갖지 못하는 모든 사람들을 축복해 주세요. 아프거나 병원에 입원해 있는 사람들을 축복해 주세요. 가족이 없는 사람들을 축복해 주세요. 그들의 마음을 행복으로 채워 주셔서 그들이 성탄절의 진정한 의미를 알고 서로 나눌

수 있도록 해 주세요. 예수님의 이름으로 기도드립니다. 아멘.

Dear Father, as we prepare for a time of giving and goodwill, help us to remember that Christmas is not just lights, presents and a stocking. There is a deep and wonderful meaning: a celebration of the birth of a little child whose words would far exceed the power of any leader and whose teaching is passed from generation to generation. This surely is the true meaning of Christmas. Amen.

사랑하는 아버지, 저희가 주고 온정을 베푸는 기간을 준비할 때 성탄절은 단지 불빛과 선물과 양말을 거는 것만이 아님을 기억하게 도와 주세요. 거기에는 깊고 굉장한 뜻이 있어요. 한 작은 아기의 탄생을 축하하는 것이지요. 그 아기의 말씀은 어느 인도자보다도 큰 힘을 가졌고, 그의 가르침은 세대에서 세대로 전승되고 있지요. 이것이 정말로 진정한 크리스마스의 의미입니다. 아멘.

I'm so excited, Jesus. Christmas is such a great time - full of gifts and surprises. But You were the biggest surprise of all because no one thought You'd come as a baby, and be born in a poor place like a stable. You were the best gifts of all, too, a gift from God to bring us life forever. Thank You for being the biggest surprise and the best gift.

예수님, 전 정말 신나요. 크리스마스는 정말 굉장한 날이에요. 선물과 놀랄 만한 것으로 가득 차 있어요. 하지만 주님이 가장

놀랄 만한 일이에요. 왜냐하면 주님이 아기로 오시고 마구간 같
은 초라한 곳에서 태어나실 것이라고는 아무도 생각지 못했거든
요. 예수님은 또한 하나님께서 저희에게 영생을 주시기 위해 주
신 가장 좋은 선물이에요. 가장 큰 경이와 가장 좋은 선물이 되
심을 주님께 감사드립니다.

Lord, I am so happy it's Christmas! It's time to remember
You. Please help me not to be selfish, but giving. Help
those who will not get a present of anything to eat or
drink. Please help those poor people to have a merry
Christmas.

주님, 크리스마스를 맞으니 정말 행복해요. 주님을 기억하는 날
이지요. 제가 이기적인 사람이 되지 말고 줄 줄 아는 사람이 되
게 도와 주세요. 선물도 못 받고 먹고 마실 것이 없는 자들을 도
와 주세요. 가난한 사람들이 즐거운 크리스마스를 갖도록 도와
주세요.

New Year · 새해

Heavenly Father, through Your Son a light has shone upon the world, a new hope has touched the hearts of many. As we start a new year, be with us in all that we think, say and do. Help us to act upon what we believe and not lose sight of Your wondrous love for us. Through Jesus Christ our Lord, amen.

하늘에 계신 아버지, 당신의 아들을 통해 빛이 세상을 밝히고 있습니다. 새 희망이 많은 이들의 마음을 움직이고 있습니다. 새해를 시작할 때 저희가 생각하고 말하고 행하는 모든 것들과 함께 하여 주세요. 저희가 믿음에 의거하여 행동하고 주님의 놀라운 사랑의 눈길을 잃지 않도록 도와 주세요. 우리 주 되신 예수 그리스도의 이름으로 기도드립니다. 아멘.

We thank You for this opportunity to begin again for a fresh start, so that we can forget what has been bad and remember the good. Now we may lead a new life with You. We ask You to guide us, taking each day as it comes. Amen.

새로운 시작을 다시 할 기회를 주셔서 저희가 나쁜 것을 잊고 좋은 것을 기억하도록 해 주신 것을 감사드립니다. 이제 주님과 함께 새 삶을 이끌어 나갈 것입니다. 주님께서 저희를 다가오는 하루 하루마다 인도하여 주시기를 기도합니다. 아멘.

Dear Father, I pray that as a new year approaches You will strengthen my faith and commitment to You. I pray that You will help me to be more compassionate, patient and tolerant towards others. I pray that You will guide me in all that I do and help me especially as I try to spread Your Word, in the most tactful way, to others who may be unsure about their belief in You. I ask this in Jesus' name. Amen.

사랑하는 아버지, 새해가 다가오는데 주님께서 제 믿음을 강하게 하시고 제가 주님 안에서 헌신되기를 기도드립니다. 제가 다른 이들에게 좀더 인정 많고 인내하며 관대하게 대하도록 도와 주시기를 기도드립니다. 제가 하는 모든 일을 인도해 주시고 특히 주님에 대한 믿음이 분명하지 않은 사람들에게 주님의 말씀을 전하려 할때 가장 재치 있는 방법으로 하도록 도와 주시기를 기도드립니다. 예수님의 이름으로 기도드립니다. 아멘.

Father, we thank You for helping us in times of difficulty over the past year and for being with us. Help us to go forth into the new year knowing that our faith will deepen and our love for You will grow stronger. Be with us when we are having fun and when we are unhappy. Now and forever. Amen.

아버지, 지난해의 어려웠던 시간들을 도와 주신 것과 저희와 함께하신 것을 감사드립니다. 저희의 믿음이 깊어지고 주님에 대한 저희의 사랑이 더 강하게 자랄 것으로 알고 새해를 맞이하도록 도와 주세요. 저희가 좋을 때나 나쁠 때나 함께해 주세요. 지금 그리고 앞으로 영원히 함께해 주세요. 아멘.

Father, as I throw off the old year and with it all its sins, tears and confrontations, help me to go forward; forgiven, cleansed, refreshed, to make a new start full of confidence to do what I know to be right, to fight for justice, to take up life's challenge and to win. Amen.

아버지, 낡은 해를 버리고 그것과 함께 죄와 눈물과 곤란했던 대면들 모두를 버릴 때 제가 앞으로 나아가 용서함 받고 깨끗해지고 새롭게 되도록 도와 주세요. 그리고 옳다고 생각하는 것을 행할 때에 충분한 자신감으로 새 출발을 하도록 해 주시고 정의와 싸우며 삶의 도전을 가지고 승리하도록 도와 주세요. 아멘.

Dear Lord, as we come into a new year may we pray that it is a successful one for all of us whether we are at college, university, school or in work. We pray for all teenagers worldwide and that You will guide us with Your hand through any decisions we have to make concerning our future. Amen.

사랑하는 주님, 새해를 맞이해서 저희가 학교에 있든지 일을 하고 있든지 모두 성공하기를 기도드립니다. 세계에 있는 모든 십대들을 위해 기도하며 주님께서 저희가 미래에 대해 정해야 할 것들을 인도해 주시기를 기도드립니다. 아멘.

Easter • 부활절

Dear Lord and Father, we praise You for sending Your Son to us in human form to die for our sins. We pray that from Christ Jesus' death on the cross we may learn to open our hearts to You and place You first in our lives so that we may have eternal life. Thank You Lord. Amen.

사랑하는 주 아버지, 당신의 아들을 인간의 모습으로 저희에게 보내 주시고 저희의 죄를 위해 돌아가시게 하심을 찬양합니다. 예수 그리스도의 십자가에서의 죽음을 통해 저희가 주님께 마음을 열고 주님을 저희 삶에 우선 순위로 삼는 것을 배워 영생에 이르기를 기도드립니다. 주님 감사합니다. 아멘.

Dear God, thank You for sending Your Son to us, to teach us about love and the Holy Spirit. He died for us on the cross; for this we are gateful. Help us to remember this brave act of love. Amen.

사랑하는 하나님, 당신의 아들을 저희에게 보내 주셔서 사랑과 성령을 가르쳐 주신 것을 감사합니다. 예수님께서 저희를 위해 십자가에 돌아가셨음을 감사드립니다. 저희가 이 용감한 사랑의 행위를 기억하도록 도와 주세요. 아멘.

Lord, at this time we thank You for Your Son Jesus Christ, who died for our sins and we thank You that He has risen again. Amen.

주님, 이 시간 저희의 죄를 위해 돌아가신 당신의 아들 예수 그리스도께 감사하며 예수님께서 다시 살아나심을 감사드립니다. 아멘.

Father, thank You for all You have done and all You have given us. Thank You that at this time Your Son died to save us and conquered death. We can now be reconciled to You and live with You in Your glory because of the ultimate sacrifice Your Son made for us. We thank You Father. Amen.

아버지, 주님께서 저희에게 행하시고 주신 모든 것에 감사합니다. 이 시간 당신의 아들이 저희를 구하기 위해 돌아가시고 죽음을 이기신 것에 감사드립니다. 이제 저희는 당신의 아들이 저희를 위해 하신 극도의 희생 때문에 하나님과 화해되어 주님의 영광 안에서 주님과 함께 살게 되었습니다. 아버지께 감사드립니다. 아멘.

Thank You, Jesus, for coming to save us. Thank You for taking the punishment for our sins when You died on the cross.

예수님, 저희들을 구원하시기 위해 오셨음을 감사드립니다. 십자가에 돌아가시어 저희들의 죄를 위해 대신 벌을 받으신 것에 감사드립니다.

Dear Lord, thank You for dying for us, and thank You for loving us eventhough we do things wrong. Amen.

사랑하는 주님, 저희를 위해 돌아가신 것을 감사드립니다. 저희들이 잘못함에도 불구하고 사랑하심을 감사드립니다. 아멘.

Lord Jesus, I thank You that on the first Easter Day You conquered death and the grave and rose to life again. I thank You that You are not only a memory, but that You are also a living presence. I thank You that You promised to be with us to the end of the world and beyond.

주 예수님, 부활절 첫날 죽음과 무덤을 이기시고 다시 살아나심을 감사드립니다. 주님이 지난날의 추억으로만이 아니라 현재에도 살아 계심을 감사드립니다. 저희와 이 세상 끝까지 그리고 그 이상까지 함께 계실 것이라고 약속하심을 감사드립니다.

Pentecost · 오순절

Dear Lord, in the same way what You touched Your disciples with the Holy Spirit, kindle Your fire within our hearts so that we may be able to accept You as You show Yourself to us in our everyday lives. Amen.

사랑하는 주님, 주님께서 주님의 제자들을 성령으로 감동시키신 것처럼 저희 마음에 불을 붙여 주세요. 그래서 주님이 매일 매일의 저희 삶에 나타나실 때 주님을 받아들일 수 있도록 해 주세요. 아멘.

Dear Lord, long ago, You started the church when You sent down Your Holy Spirit upon the disciples. Help us to realize that we too can experience the same joy today that they experienced by receiving Your most precious gift. We know that You will always be there and all we have to do is call on You. Thank You for this. Amen.

사랑하는 주님, 오래 전에 주님은 제자들에게 성령을 내려 주셔서 교회를 시작하셨습니다. 제자들이 당신의 가장 귀한 선물을 받는 경험을 했듯이 오늘날 저희도 같은 기쁨을 경험할 수 있음을 깨닫게 해 주세요. 주님께서 항상 함께하시며 오직 저희가 할 일은 주님을 부르는 것임을 압니다. 이를 감사드립니다. 아멘.

Dear Lord, at this time of Pentecost at the coming of the Holy Spirit let us celebrate. You died, You conquered death and You rose again for our salvation. You filled our hearts with the Holy Spirit, giving confidence to call You Father. You gave us the chance to teach Your Word and spread the Christian faith; help us to use this power. We can then make disciples of all nations, baptizing them in Your love. Like Thomas, help us to combat our doubts and have faith that You will always be with us to the very end. Amen.

사랑하는 주님, 이 오순절날, 성령님이 오신 날을 축하합니다. 예수님께서 저희의 구원을 위해 죽으시고 죽음을 이기시어 다시 살아나셨습니다. 저희의 마음을 성령으로 채워 주시고 당신을 아버지라고 부르는 확신을 주셨습니다. 또 주님의 말씀을 가르치고 기독 신앙을 전파할 기회를 주셨습니다. 이 능력을 사용하도록 도와 주세요. 그러면 저희가 모든 족속으로 제자를 삼고 주님의 사랑 안에서 그들에게 세례를 줄 수 있을 거예요. 도마같이 의심 과 싸우도록 도와 주시고 주님이 끝날까지 저희와 항상 함께 계 실 것을 믿는 믿음을 갖도록 도와 주세요. 아멘.

Lord, thank You for sending Your Holy Spirit to strengthen, help and guide me. It's so wonderful knowing that a part of You is with me always helping me to come closer to You. Amen.

주님, 성령을 보내 주셔서 저에게 힘 주시고 도와 주시며 인도해 주심을 감사드립니다. 주님의 분신이 저와 항상 함께하셔서 제가 주님께 가까이 가도록 도와 주신다는 것을 아는 것은 정말 굉장

해요. 아멘.

Dear Lord, thank You for giving us the strength and power to deal with all situation in life through the power of Your Holy Spirit. We pray that just as those early Christians received Your Holy Spirit so may we also receive Him. Thank You Lord. Amen.

사랑하는 주님, 성령님의 능력으로 저희에게 힘과 능력을 주셔서 제 삶의 모든 상황을 처리하도록 해 주시니 감사드립니다. 초대 교인들이 성령을 받았던 것처럼 저희도 성령을 받게 되기를 기도합니다. 주님 감사합니다. 아멘.

Thanksgiving Day • 추수 감사절

Thank You, Lord, for the life You gave to all the world. Thank You, for the sun, the rain and the soil to grow the crops and the wheat to make our daily bread. Amen.

주님, 이 온 세상에 생명을 주신 것을 감사드립니다. 태양과 비와 흙을 주셔서 농작물과 밀이 자라 저희의 일용한 양식을 만들게 하시니 감사합니다. 아멘.

Thank You, Lord, for all the harvest of the land - for corn, vegetables, fruit and flowers. Thank You for the harvest of the earth - for oil, coal, salt, water. Thank You for the harvest of the sea - for creatures and fish of many kinds. Thank You for those people who help to supply our needs, for famers and fishermen, and workers in industry. Teach me to remember, Lord, how much we depend on You, and how much we depend on others.

주님, 이 땅의 수확물 — 옥수수, 채소, 과일, 꽃들을 거두게 하시니 감사합니다. 이 지구의 수확물 — 기름, 석탄, 소금, 물들을 주시니 감사합니다. 바다의 수확물 — 여러 종류의 생물과 물고기들을 주시니 감사합니다. 저희들에게 필요한 것을 공급해 주는 사람들 — 농부들, 어부들, 산업 노동자들에 대해 감사합니다.

183

주님, 저희가 주님을 얼마나 의지하는지 그리고 얼마나 다른 사
람들을 의지하는지를 기억하도록 가르쳐 주세요.

Lord, thank You for harvest time and that You provide
for our needs. Help us to share what we have with
others, and to care for those who are hungry. Help us not
to be greedy so that there is enough to go round. Amen.

주님, 수확의 계절을 감사하며 저희에게 필요한 것을 공급해 주
시니 감사합니다. 저희가 가지고 있는 것을 다른 사람들과 나누
게 하시고 배고픈 자들을 돌보게 해 주세요. 저희가 욕심 내지
않고 골고루 나눠 가지게 해 주세요. 아멘.

Some Famous Prayers • 유명한 기도

• St. Francis

Lord, make us instruments of your peace.
Where there is hatred, let us sow love;
where there is injury, pardon;
where there is discord, union;
where there is doubt, faith;
where there is despair, hope;
where there is darkness, light;
where there is sadness, joy;

O divine Master,
grant that we may not so much
seek to be consoled as to console;
to be understood as to understand;
to be loved, as to love;
through the love of thy Son who died for us,
Jesus Christ our Lord. Amen.

주님, 저희를 평화의 도구가 되게 하소서.
미움이 있는 곳에는 사랑을 심게 하시고,
상처가 있는 곳에는 용서를,
분열이 있는 곳에는 화합을,

185

의심이 있는 곳에는 믿음을,
절망이 있는 곳에는 소망을,
어둠이 있는 곳에는 빛을,
슬픔이 있는 곳에는 기쁨을 심게 하소서.
오 신령의 주이시여,
저희가 위로를 받기보다는 위로를 하게 하시고,
이해를 받기보다는 이해를 하며,
사랑을 받기보다는 사랑을 하게 하소서.
저희를 위해 죽으신 아들 우리 주 예수 그리스도의 사랑으로
기도합니다. 아멘

• Reinhold Niebuhr

O God, give us

serenity to accept what cannot be changed ;
courage to change what should be changed ;
and wisdom to distinguish the one from the other ;
through Jesus Christ our Lord. Amen.

오 하나님,

바꿀 수 없는 것을 받아들이는 평화를 주소서.
변해야 할 것을 변화시키는 용기를 주소서.
그리고 이 둘을 구별하는 지혜를 주소서.
우리 주 예수 그리스도의 이름으로 기도합니다. 아멘.

• St. Richard of Chichester

Day by day, dear Lord, of thee
three things we pray:
to see thee more clearly;
to love thee more dearly;
to follow thee more nearly;
day by day. Amen.

사랑하는 주님,
매일 매일 주님께 세 가지를 기도합니다.
주님을 더 선명히 보기를,
주님을 더 진정으로 사랑하기를,
주님을 더 가까이 따라가기를
매일 매일 기도합니다. 아멘.

• St. Teresa of Avila

Christ has no body now on earth but yours.
No hands but yours,
no feet but yours,
yours are thy eyes
through which is to look out
Christ's compassion to the world ;
yours are the feet
with which he is to go about doing good ;
yours are the hands
with which he is to bless us now.

예수님께는 이 땅에 당신 말고는 누구도 있지 않습니다.

187

당신의 손 말고는 어떤 손도,
당신의 발 말고는 어떤 발도 갖고 계시지 않습니다.
주님은 당신의 눈을 통해 이 세상을 불쌍히 여기시며,
선한 당신의 발로 일을 하러 다니시고,
당신의 손으로 우리들을 축복하십니다.

• St. Patrick

Christ be with me, Christ within me,
Christ behind me, Christ before me,
Christ beside me, Christ to win me,
Christ to comfort and restore me.
Christ beneath me, Christ above me,
Christ in quiet, Christ in danger,
Christ in heart of all that love me,
Christ in mouth of friend and stranger. Amen.

예수님, 저와 함께하시고 제 안에 계시옵소서.
예수님, 제 뒤에 계시고 제 앞에 계시옵소서.
예수님, 제 곁에 계시고 저를 이기시옵소서.
예수님, 저를 위로하시고 회복시켜 주시옵소서.
예수님, 제 아래 계시고 제 위에 계시옵소서.
예수님, 잠잠할 때나 위험할 때나 저와 함께하소서.
예수님, 저를 사랑하옵소서.
예수님, 친구의 입과 낯선 타인의 입을 주장하소서. 아멘.

• St. Ignatius Loyola

Teach us, good Lord,
to serve thee as thou deserves;
to give and not to count the cost;
to fight and not to heed the wounds;
to foil and not to seek for rest;
to labour and not to ask for any reward,
save that of knowing that we do thy will. Amen.

선한 주님, 저희에게 가르쳐 주소서.
주님이 받을 만한 가장 가치 있는 것을 드릴 수 있게 하소서.
값을 세지 않고 드릴 수 있게 하소서.
상처에 관여치 않고 싸우게 하소서.
평안을 찾기보다는 실패하게 하소서.
상을 바라보지 않고 일하고 수고하게 하소서.
이 모든 것이 당신의 뜻을 이루기 위해 하는 것임을
기억하게 하소서. 아멘.

• St. Benedict

O gracious and holy Father,
give us wisdom to see thee,
intelligence to understand thee,
diligence to seek thee,
patience to wait for thee,
eyes to behold thee,
a heart to meditate upon thee,
and a life to proclaim thee,

189

through the power of the spirit of
Jesus Christ our Lord. Amen.

오, 은혜롭고 거룩하신 아버지,
당신을 보는 지혜를 주소서.
당신을 이해하는 지식을 주소서.
당신을 찾는 부지런함을 주소서.
당신을 기다리는 인내를 주소서.
당신을 바라보는 눈을 주소서.
당신을 묵상하는 마음을 주소서.
그리고 당신을 전파하는 삶을 주소서.
우리 주 예수 그리스도의 영의 능력으로 기도드립니다. 아멘.

• 작자 미상

Eternal God and Father,
you create us by your power
and redeem us by your love:
guide and strengthen us by your Spirit,
that we may give ourselves in love service
to one another and to you;
through Jesus Christ our Lord. Amen.

영원하신 하나님 아버지,
당신의 능력으로 저희를 창조하시고
당신의 사랑으로 저희를 구원하셨습니다.
당신의 영으로 저희를 인도하시고 강하게 하셔서
저희가 다른 사람에게 그리고 당신께 사랑으로 섬기게 하소서.
우리 주 예수 그리스도의 이름으로 기도드립니다. 아멘.

For Myself · 나를 위한 기도

Thank You, God, for making me.
Thank You that You made me how I am.
Thank You for my talents and weaknesses.
Thank You for all my friends.
Most of all, thank You for making me a child for You.
Amen.

하나님,
저를 지으심을 감사합니다.
지금의 제 모습으로 지으심을 감사합니다.
저의 재주와 약점들에 대해 감사합니다.
저의 친구들에 대해 감사합니다.
무엇보다도 저를 당신의 자녀로 삼으심을 감사합니다.
아멘.

You know what I am thinking, Lord.
You know what is best for me.
Whatever happens, I want to please You.
Amen.

주님은 제가 지금 무엇을 생각하는지 아십니다.
주님은 제게 무엇이 가장 좋은지 아십니다.

무슨 일이 있든지 주님을 기쁘게 하기를 원합니다.
아멘.

Lord, I thank You for making me.
Thank You for all that I can do.
Thank You that I can run, jump, and play games.
Thank You that I can listen to what You tell me.
Thank You that You love me.

주님, 저를 지으심을 감사합니다.
제가 할 수 있는 모든 것에 감사합니다.
제가 달리고 뛰고 놀 수 있게 해 주심을 감사합니다.
주님의 말씀을 들을 수 있게 해 주심을 감사합니다.
저를 사랑하심을 감사합니다.

Thank You, Lord, that eventhough I'm no perfect and
have any failures, nothing and no one can change the
fact that You love me just as I am.

주님, 제가 완전하지 못하고 잘못을 저지를지라도 어떤 것도 그
어느 누구도 주님이 제 모습 그대로를 사랑하신다는 사실을 바꿀
수 없습니다.

• In the Morning (아침 기도)

Dear Father, as we start this day, please help Mom and
Dad as they work. Please help me at school. Please help
my little sister at home, and all my other friends and

family. Amen.

사랑하는 아버지, 이 하루를 시작할 때, 엄마와 아빠를 일터에서 도와 주세요. 학교에서 공부할 때 저를 도와 주세요. 집에 있는 제 여동생을 도와 주시고, 제 친구들과 가족들을 모두 도와 주세요. 아멘.

Father God, Thank You for sleep and bringing us safely through another night. Thank You for a new morning and for health and energy to tackle the day. Lord, be with us throughout this day as we eat and work and play. Fill us with Your love for everything and everyone around us. Amen.

하나님 아버지, 잠을 자게 하시고 또 한 밤을 무사히 지내게 해 주심을 감사합니다. 새 아침과 건강과 하루를 힘차게 시작할 수 있는 힘을 주심을 감사합니다. 주님, 오늘 하루 동안 식사할 때 나 일할 때나 놀 때나 저희와 함께하여 주세요. 저희 주위에 있는 모든 것과 모든 사람들을 위해 저희를 당신의 사랑으로 채워 주세요. 아멘.

• Evening Prayer (저녁 기도)

Heavenly Father, hear my prayer,
before I go to rest.
I am Your child
who comes to be blessed.

Forgive me all my sins,
that I may sleep this night,

in safety and in peace,
until the morning light.

Lord, help me everyday
to love You more and more,
to strive to do You will,
and worship and adore.

Then look upon me, Lord,
before I lie down to rest.
I am Your child
who comes to be blessed.

하늘에 계신 아버지,
제가 잠을 자기 전에 저의 기도를 들어주세요.
저는 축복을 받고자 온 당신의 자녀입니다.

저의 모든 죄를 용서해 주세요.
그래서 아침 빛이 비출 때까지 안심하고 평안 속에
이 밤 잠을 자게 해 주세요.

주님, 당신을 더욱 사랑하도록 매일 도와 주세요.
당신의 뜻을 힘써 따르도록 매일 도와 주세요.
그리고 당신께 예배드리고 경배를 드리도록 매일 도와 주세요.

제가 잠자리에 눕기 전에 주님, 저를 보아 주세요.
축복을 받고자 온 당신의 자녀입니다.

Lord Jesus, bless me when I rise,
bless the day that meets my eyes.
Bless the daily task I do,
with happiness to share with You.

Lord Jesus, watch me when I sleep,
for my life is Yours to keep.
Waking, sleeping, with a prayer,
safely in Your loving care.

O Jesus gracious Saviour,
Tonight I come to You,
Oh may Your gracious favour
rest on a child like me.
And now O Lord I ask You
to bless me as I sleep,
throughout the hours of darkness
your child in safety keep.

주 예수님, 제가 일어날 때 축복해 주세요.
제가 보게 될 그 하루를 축복해 주세요.
제가 할 매일의 일들을 축복해 주세요.
주님과 기쁨으로 나누겠어요.

주 예수님, 제가 잘 때 저를 지켜 주세요.
저의 생명은 당신의 것입니다.
깨거나 잠을 잘 때 기도하게 하셔서
당신의 보호 아래 안전하게 있도록 해 주세요.

오 자비의 구세주 예수님,
오늘밤 당신께 갑니다.
오 당신의 자비로운 은혜를 저 같은 어린 자에게 내려 주세요.
오 주님, 지금 주님께
제가 잠이 들 때 축복해 주시기를 기도합니다.
어두운 시간 동안 당신의 자녀가 안전하도록 지켜 주세요.

• Family (가족에 대한 기도)

Dear God, please look after everyone in my family. Protect them from harm - keep them healthy and give them Your peace. Amen.

사랑하는 하나님, 저의 가족 모두를 돌봐 주세요. 그들을 나쁜 것으로부터 보호해 주세요. 그들을 건강하게 지켜 주시고 그들에게 당신의 평안을 주세요. 아멘.

Dear Lord, please take care of my aunt because she is having a baby.

사랑하는 주님, 저의 이모를 돌봐 주세요. 이모가 아기를 가졌어요.

Father God, my dad works very hard. Sometimes he has to work nights and we hardly see him at all. Help me to be good when he's around to make his life easier. Amen.

하나님 아버지, 아버지는 일을 아주 열심히 하십니다. 어떤때는 저녁에도 일하셔서 만나기가 힘들 때도 있어요. 아버지가 계실 때 아버지가 편안하시도록 제가 착해지게 해 주세요.

Dear Lord, today, my baby brother came home from hospital. He is very small and cries a lot. Please help him to grow up quickly so that I can play with him.

사랑하는 주님, 오늘 저의 아기 동생이 병원에서 집으로 왔어요. 동생은 정말 작고 많이 울어요. 동생이 빨리 자라서 같이 놀게 해 주세요.

Please, Lord, bless all the children who don't have a mother or father. You know what they are feeling and how much love they need. Father, You love us all. Give more love than ever to these children now. Heal their hurts and ease their pain. In Jesus' name, amen.

주님, 부모가 없는 모든 어린이들을 축복해 주세요. 주님은 그들의 마음을 아시고 또 얼마나 사랑이 필요한지 아십니다. 아버지, 당신은 저희 모두를 사랑하십니다. 지금 저 어린이들에게 훨씬 더 많은 사랑을 주세요. 그들의 상처를 낫게 하시고 아픔을 진정시켜 주세요. 예수님의 이름으로 기도드립니다. 아멘.

Thank You, Lord, for grandma and grandpa. Please look after them as they get old.

주님, 할머니 할아버지에 대해 감사합니다. 나이 들어 가는 그들을 돌봐 주세요.

Lord Jesus, sometimes I feel no one listens. Dad is working, mom is busy - everyone has things to do. There is no one to really near me. But You do, Lord. You are always there. Thank You. Amen.

주 예수님, 가끔 아무도 제 말을 안 듣는다고 느껴요. 아빠는 일 하시고 엄마는 바쁘시고 모두 할 일들이 있어요. 정말 아무도 제 곁에 없어요. 하지만 주님은 계세요. 주님은 항상 계세요. 감사합니다. 아멘.

• Food (식사 기도)

For my daily food, I thank You, Lord. For the farmer,
shopkeepers and cooks who prepare my food, I thank
You, Lord. For my favorite foods, I thank You, Lord.
Help us to care about people not having enough food.
Amen.

주님, 일용한 양식을 주시니 감사합니다. 주님, 제 음식을 준비
해 준 농부들, 상점 주인들, 요리사들에 대해 감사합니다. 주님,
제가 좋아하는 음식을 주시니 감사합니다. 저희가 충분한 음식이
없는 사람들을 돌보도록 도와 주세요. 아멘.

Dear Lord Jesus, I'm soory. Sometimes I think about food
too much. I dream of all the delicious things there are to
eat when I really should be doing other things. Please
help me not to make food so important, and help me not
to be greedy at mealtimes. Amen.

사랑하는 주 예수님, 죄송해요. 전 가끔 음식에 대해 너무 많이
생각해요. 다른 일을 해야 할 때 맛있는 음식들을 상상해요. 제
가 음식을 너무 중요시하지 않도록 해 주시고 식사 시간에 욕심
을 내지 않도록 도와 주세요. 아멘.

Father, we pray for those in lands where there is famine
and misery. Lord, some children have never know what
it is like to eat proper meals as we do. Their lives will not
get better unless those of us who have money and food
help them. Lord Jesus, please make us more loving an

giving - help us to think what we can do for the hungry, and give us the determination to do it. In Jesus' name, amen.

아버지, 기근과 곤궁에 처해 있는 곳에 사는 사람들을 위해 기도합니다. 주님, 어떤 어린이들은 저희들이 먹는 것처럼 제대로 된 음식이 어떤 것인지 전혀 모릅니다. 돈과 음식이 있는 사람들이 돕지 않는다면 저 어린이들의 삶은 더 나아지지 않을 거예요. 주 예수님, 저희가 더 사랑하고 베풀게 해 주세요. 저희가 굶주리는 자들을 위해 무엇을 할 수 있는지를 생각하게 하시고 그것을 행하도록 결심하게 해 주세요. 예수님의 이름으로 기도드립니다. 아멘.

Lord, thank You that everyday we have good things to eat. Help us to appreciate what we have and try not to be fussy or wasteful. Amen.

주님, 저희가 매일 좋은 것을 먹게 해 주심을 감사합니다. 저희가 가지고 있는 것에 감사할 줄 알게 하시고 음식에 안달하지 않고 이를 낭비하지 않도록 해 주세요. 아멘.

• Friend (친구에 대한 기도)

We praise You, God, for loving us. You are the best friend of all, Lord. You never let us down and forgive us for all the bad things we do. You are always there in times of trouble. We want to be more like You. Amen.

저희를 사랑하심에 주님을 찬양합니다. 주님, 주님은 저희 모두의 가장 친한 친구입니다. 주님은 저희를 절대 실망시키지 않으시고 저희의 모든 잘못을 용서하십니다. 주님은 문제가 있을 때마다 함께하십니다. 저희가 더욱 주님을 닮기 원합니다. 아멘.

Dear Lord, my friend keeps asking me to do things that I don't want to do, but I can't say 'no' to her. Please help me to say 'no' to things.

사랑하는 주님, 제 친구가 제가 하고 싶지 않은 것을 자꾸 해 달라고 하는데 싫다고 말할 수가 없어요. 싫다고 대답하도록 도와주세요.

Dear Lord, bless those who are lonely and have no friends. Help us to talk to others we sometimes find difficult, strange or shy. Let our friendship help them to come to know You and Your love. Amen.

사랑하는 주님, 외롭고 친구가 없는 사람들을 축복해 주세요. 다른 사람들에게 이야기하는 것이 어떤 때는 어렵고 낯설고 부끄러워요. 저희의 우정이 그들을 도와서 주님과 주님의 사랑을 알 수 있게 해 주세요. 아멘.

• At School (학교에서)

Help me with my work. I'm not very clever, but I try. It's embarrassing not getting good marks - people laughing, people saying 'you're thick!' I'm getting better, but with Your help I could be the best!

제 공부를 도와 주세요. 저는 머리가 좋진 않지만 노력하려고 해요. 좋은 성적을 받지 못하는 것이 부끄러워요. 사람들이 웃고 저보고 머리가 나쁘다고 해요. 점점 나아지고는 있지만 주님께서 도와 주시면 아주 잘할 수 있어요.

Father God, help us in our work each day. Give us concentration so that we may listen, understanding that we may learn, and peaceful minds so that we may remember. In Jesus' name. Amen.

하나님 아버지, 저희의 매일 공부를 도와 주세요. 저희에게 집중력을 주셔서 잘 듣고 배운 것을 이해하도록 해 주시고, 편안한 마음을 주셔서 잘 기억하도록 해 주세요. 예수님의 이름으로 기도드립니다. 아멘.

Dear Lord Jesus, thank You for helping me through this term at school. I pray that the holidays are refreshing rest. Please let next term be better than the last one.

사랑하는 주 예수님, 이번 학기 동안 도와 주심을 감사합니다. 휴일이 새롭게 활기를 줄 휴식이 되기를 기도합니다. 다음 학기는 지난 학기보다 더 좋도록 해 주세요.

• Church (교회에 대한 기도)

Father God, thank You for the church and all the teachers. Thank You that they help us to learn about You. Please help us to remember what we are taught and help us to put it into practice. Amen.

하나님 아버지, 교회와 모든 선생님들에 대해 감사합니다. 그들이 저희가 주님에 대해 배우도록 돕게 하심을 감사합니다. 저희가 배운 것을 기억하고 실천하도록 도와 주세요. 아멘.

Lord, we want to fill our churches with people who worship and praise You. We want everyone to know the joy of Your love. Please God, give us the courage to tell our friends about You. Help us to speak out more about You and Your love, and not to worry about what others might think. In Jesus' name. Amen.

주님, 저희 교회가 주님께 예배드리고 찬양하는 사람들로 채워지기를 원합니다. 모든 사람들이 주의 사랑의 기쁨을 알기 원합니다. 하나님, 친구들에게 당신에 대해 말할 수 있는 용기를 주세요. 주님과 주님의 사랑에 대해 더 큰소리로 말하고 다른 사람들이 뭐라 생각할까 걱정하지 않게 해 주세요. 예수님의 이름으로 기도드립니다. 아멘.

• For Future (미래에 대한 기도)

Dear Lord, You know what is best for us. Help us not to worry about the future. Because You love us all, You will take care of everything.

사랑하는 주님, 주님은 저희에게 무엇이 가장 좋은 것인지 아십니다. 미래에 대해 걱정하지 않도록 도와 주세요. 주님은 저희 모두를 사랑하시기 때문에 모든 것을 돌봐 주시니까요.

Dear Lord, I want to grow up to be a person who absolutely loves and helps Jesus in every way.

사랑하는 주님, 제가 무조건적인 사랑을 하며 여러 면으로 예수님을 돕는 사람으로 자라기를 원합니다.

• For Peace (평화를 위한 기도)

Creator of the world, help us love one another and care for each other. Bring peace to our world, O Lord of creation.

만물의 창조자여, 서로 사랑하고 서로 돌아보게 해 주세요. 이 세상에 평화를 가져다 주세요. 오 창조주여.

Dear Lord, bless the leaders of the world today. Give them wisdom and understanding and the courage to say what they think is right. Help them in their decisions, so that this world in which we live can have peace. Amen.

사랑하는 주님, 오늘날 세계의 지도자들을 축복해 주세요. 그들에게 지혜와 명철을 주시고 옳다고 생각하는 것을 말할 수 있는 용기를 주세요. 그들이 결정을 잘 내리도록 도와 주셔서 저희가 사는 이 세상에 평화가 임하게 해 주세요. 아멘.

Thank You, God, for giving peace to this country. Thank You that there are no wars here so that we can have freedom to have a happy time.

하나님, 이 나라에 평화를 주셔서 감사합니다. 이곳에 전쟁이 없

203

어 저희에게 행복한 시간을 가질 수 있는 자유를 주시니 감사합
니다.

• Sunday (주일에 드리는 기도)

Lord, thank You for our Sunday school and for all
teachers who help us to learn about You. Thank You, too,
for the friends we make at church and that we can praise
You and pray together. Amen.

주님, 주일 학교와 주님에 대해 가르쳐 주시는 모든 선생님들에
대해 감사합니다. 또한 교회에서 만난 친구들에 대해 감사하며
같이 주님께 찬양하고 기도할 수 있게 해 주심을 감사합니다.

O God, help me to remember that this is the Lord's Day,
and help me to remember that it is called that because it
is the day on which Jesus rose from the dead.

오 하나님, 오늘이 주일임을 기억하게 해 주세요. 예수님이 죽음
에서 살아나신 날이기 때문에 그렇게 부름을 기억하게 해 주세
요.

Children's Prayer • 어린이들의 기도

• A New Day (새 날)

Here's the sun,
day's begun;
God be with us,
Every one.
해가 떴어요.
하루가 시작됐어요.
하나님, 우리 모든 사람들과 같이 있어 주세요.

• Morning 'Thank You' Prayer (아침 감사 기도)

I thank You, God,
for sleep last night,
I thank You
for the morning light;
I thank You
for this happy day,
and help me keep it
just that way.

하나님, 지난 밤 잠자게 해 주셔서 고맙습니다.
아침 빛을 주시니 고맙습니다.
기쁜 날을 주시니 고맙습니다.
이렇게 똑같이 계속되게 해 주세요.

• Thanks for Toys (장난감에 대한 감사)

I thank You for my picture books,
I thank You for my toys;
please help me, God, to share them
with other girls and boys.

그림책을 주시니 고맙습니다.
장난감을 주시니 고맙습니다.
하나님, 제가 다른 친구들과 나눠 가지도록 도와 주세요.

• Birthday (생일 기도)

Today is my birthday,
and I am three.
My daddy measured me against a tree.
There was a cake and presents.
My friends came to play.
I thank You, dear God,
for a happy, happy day.

오늘은 제 생일이에요.
제가 세 살이 되었어요.
아빠가 나무에 대고 제 키를 쟀어요.

케이크와 선물이 있어요.
친구들이 와서 놀았어요.
사랑하는 하나님,
이 기쁘고 기쁜 날 고맙습니다.

• A Prayer at the Table (식사 기도)

Thank You, God,
for food so good.
And help us do
the things we should.

하나님, 좋은 음식을 주시니 고맙습니다.
우리가 꼭 해야 할 것들을 하도록 도와 주세요.

• Warm Clothes (따뜻한 옷)

I have a red sweater, and mittens so bright.
A snow suit with zippers, that covers me quite.
A scarf that wraps round me, and comes to my nose.
I thank You, dear God, for all my warm clothes.

저는 빨간 스웨터와 아주 밝은 색의 벙어리 장갑이 있어요.
눈 올 때 입는 지퍼 잠바가 있는데 저를 아주 잘 감싸 줘요.
두를 수 있는 목도리가 있는데 코까지 덮어지지요.
사랑하는 하나님, 이 모든 따뜻한 옷들을 주셔서 고맙습니다.

• Bedtime (잠잘 때)

Dear God, I've had a happy day,
I tried to do my best.
And now I thank You for the night
when children all can rest.

사랑하는 하나님, 저 행복한 날을 보냈어요.
전 최선을 다했어요.
이제 어린이들 모두가 쉴 수 있는 밤을 주시니 고맙습니다.

• Evening Prayer (저녁 기도)

Dear God, hear my evening prayer:
I thank You for Your love and care,
I thank You for this happy day,
for home and friends, for work and play.
Bless the ones I love tonight,
and keep us all till morning light.

사랑하는 하나님, 저의 저녁 기도를 들어주세요.
주님의 사랑과 돌봄을 감사합니다.
오늘 행복한 날을 주셔서 감사합니다.
가정과 친구와 공부와 놀이를 주셔서 감사합니다.
오늘 밤 제가 사랑하는 사람들을 축복해 주세요.
그리고 저희들 모두 아침 해가 뜰 때까지 지켜 주세요.